세계인도 놀라는 이름의 비밀

A secret with a name that even surprises the world

세계인도 놀라는 이름의 비밀

초판 1쇄 인쇄 | 2022년 12월 17일
초판 1쇄 발행 | 2022년 12월 20일

지 은 이 | 예지연
펴 낸 이 | 안영란

펴 낸 곳 | 도서출판 다지음
등록번호 | 제 420-2022-000001
등록일자 | 2022년 2월 3일

주 소 | (25643) 강원도 강릉시 왕산면 안소재길 84-11
대표전화 | 1644-0178
팩 스 | (032)867-0342
이 메 일 | yejiyeon7@hanmail.net

편집 · 디자인 | 박세원

ⓒ 세계인도 놀라는 이름의 비밀 2022. Printed in Seoul. Korea
ISBN 979-11-978096-3-7
값 18,000원

• 잘못된 책은 바꾸어 드립니다.

세계인도 놀라는
A secret with a name that even surprises the world
이름의 비밀

(사단법인) 다지음한글구성성명학회

다지음

차례

책을 펴내며…08
publishing a book

1. **세계인들이 이름에 놀라는 이유는?…14**
   Why are people around the world surprised by the name?

2. **이름에는 하나님의 뜻과 계획이…20**
   God's will and plan in the name

3. **이름이 왜 중요한가!…33**
   Why are names important!

4. **세종대왕과 한글…38**
   King Sejong the Great and Hangeul

5. **운명을 좌우하는 보이지 않는 힘…44**
   The invisible force that determines fate

6. **성서에 등장한 이름의 뜻을 살펴보면…48**
   If you look at the meaning of the names in the Bible,

7. **세계적인 성악가가 될 수밖에 없는 이름(조수미)…58**
   A name that has no choice but to become a world-class singer

8. **자살로 생을 마친 최진실…65**
   Jinsil-Choi, who died by suicide

9. 정몽헌회장이 왜 자살했을까?…**74**
   Why did Chairman Mongheon-Chung commit suicide?

10. 결혼한 김연아가 걱정되는 이유는?…**81**
    Why are you worried about married Yuna Kim?

11. 방탄소년단이 해체되는 것도…**89**
    The disbandment of BTS

12. 김정은 이름 때문에 경제적 파탄이…**99**
    Economic collapse due to Kim Jong-un's name

13. 복 받기위해 기도할 거면 차라리 개명을!…**105**
    If you're going to pray for blessings, you'd better change your name!

14. 섹스스캔들에 휘말리는 이유는(클린턴)…**116**
    The reason for getting involved in a sex scandal

15. 성추문의 주인공이 왜 되었는가?(르윈스키)…**122**
    Why did you become the protagonist of the sexual harassment allegation?

16. 왜 요절했는가(마이클 잭슨)…**128**
    why did you die

17. 스캔들 메이커로 유명한 배우(패릴 힐튼)…**134**
    Actor famous as a scandal maker

18. 왜 젊은 영계만 좋아하는가?(마돈나)…**140**
    Why do you only like young men?

19. 영화 같은 인생을 살다간 스티브잡스…147
    Steve Jobs lived a life like a movie

20. 스티브잡스가 애플을 떠난 이유…154
    Why Steve Jobs Left Apple

21. 흑인이지만 대통령이 된 것은(버락오바마)…163
    Being black but being president

22. 이름(稱) 속에 담긴 의미는?…174
    What does the name mean?

23. 푸틴이 핵으로 전쟁할까 두렵다…191
    I fear Putin will go to war with nuclear weapons.

24. 아베가 총탄에 왜 죽었을까?…212
    Why was Abe killed by bullets?

25. 소설가로 이름을 날린 것도 이름 때문(미우라아야코)…221
    The reason why he made a name for himself as a novelist is because of his name.

26. 자살한 이유가 이름에(우에하라미유)…227
    The reason for the suicide was in the name

27. 김연아한테 우승을 빼앗긴 것은(아사다마오)…234
    What robbed Kim Yeon Ah of the championship?

28. 왜 구성성명학인가?…243
    Why sound energy name?

29. 덩샤오핑이 세 번 결혼한 이유는? … 254
   Why DengXiaoping has been married three times?

30. 목사들이 지어준 이름 때문에 … 263
   Because of the name given by the priests

31. 인기 절정에 오른 순간 멀어져간 알랭들롱 … 278
   Alain Delon moved away the moment he reached the peak of his popularity

책을 마치며 … 287
finishing the book

부록
다지음(예지연)의 도서들 … 296
Books by DaJium(YeJiyeon)

㈜다지음 가맹지사 모집 … 303
Dajium Co., Ltd. Affiliate branch recruitment

책을 펴내며

　필자는 목회학박사로서 현재 강릉서머나교회서 목회 사역을 하고 있다. 이러한 사람이 작명프렌차이즈 사업체인 ㈜다지음을 운영하고 있다면 대부분의 사람들이 놀라거나 의아해 할 거다. 그렇지만 성경을 자세히 들여다보면 이름 속에 내재된 하나님의 뜻과 계획이 마태복음 1장의 예수 그리스도의 족보를 통해 잘 나타나 있다. 빛(말씀)으로 오신 예수 그리스도가 바로 창세기 1장에 '하나님이 빛과 어두움을 나누사. 빛을 낮이라 칭하시고 어두움을 밤이라 칭하시니라'에 잘 나타나 있다. 여기서 빛을 낮이라 칭(稱)하시고가 바로 하나님께서 '빛'에 '낮'이란 이름을 붙이신 거다. 그리고 그걸 확인시켜 나타낸 것이 바로 요한복음 1장 4절에 '그 안에 생명이 있었으니 이 생명은 사람들의 빛이라' 때문에 태초에 작명가는 하나님이시다. 그러기에 아담한테 짐승을 데리고 와서 아담이 이름을 어떻게 짓나 보셨던 거다. 따라서 세상 이름은 아담이 지은 짐승의 이름이고, 하나님이 지으신 이름은 빛이고 생명의 이름에 해당한다. 그러므로 하나님의 작명과 사람의 작명을 잘 구별해 깨달아야 목사들이 성경말씀을 전할 때 하나님의 방식으로 전하는지 아니면 사람(탐심)의 생각으로 전하는지를 판단할 수 있다. 따라서 성경 전체가 이름에 대한 영적 메시지로 성경에 나타난 이름 그 자체가 바로 하나님의 뜻과 계획이 담겨 있기 때문에 그 누구보다 이름에 대한 중요성을 언급하는 바다.

 오늘날 세상은 넓고도 좁아서 지구촌이라 부른다.

 그러니까 이십여 년 전, 일 년 가까운 세월을 역학공부를 위해 서울 끝에서 인천까지 쉬지 않고 다녔던 제이라는 친구가 있었다. 그녀는 필자보다 세 살 위였지만 우리는 누가 그러자고 약속한 것도 없이 그냥 친구로 지냈다. 한 시간 가량의 공부를 마치고 나면 둘은 약속이나 한 듯이 식사를 하면서 시간 가는 줄 모르게 인생을 나누었다. 바로 그때 필자가 경제적으로 가장 힘든 시기였다. 그러한 경제적 고통을 조금이라도 잊기 위해 제이와 난 미래에 대한 꿈만을 나누었다. 그런 친구가 2000년 영문학 석사 학위를 마치자 바로 미국행을 계획했다. 그녀가 멀리 미국으로 이민 간 후, 그전처럼 서로 마주보며 대화는 할 수 없었지만 각자의 근황을 수시로 주고받으며 안부를 전하곤 했었다.

 그래선지 구성성명학을 완성시키고 나서 제일 먼저 떠오른 사람이 바로 제이였다. 무엇보다 외국인의 이름풀이를 통해 세계를 한번 깜짝 놀라게 하자는 제안을 그녀한테 처음으로 제시했다. 당시 제이는 페이닥터를 두고 병원 운영을 하고 있는 바쁜 일상이었지만 나의 제안을 흔쾌히 받아들였다. 그때부터 내가 미국인들 유명인 이름을 풀이해 멜로 보내면 제이가 다시 영문으로 번역해 보내 왔다. 그 덕에 그때 모아둔 원고가 아직 그대로 보존되어 있다.

 2013년 당시는 제이의 도움이 있어야 번역을 했지만, 그러나 지금은 번역기가 있어 그야말로 자유자재로 어떤 나라가 되었건 이름이나 상호에 대한 풀이가 가능해졌다. 그래서 그동안 틈틈이

써놓은 세계적으로 유명한 사람들의 이름 등을 분석해 이번 책자에 담았다.

무엇보다 말씀 자체가 파동의 에너지다. 이 우주 만물 자체가 다 하나님 속에 들어 있다. 무엇보다 하나님은 영이고, 그 영 자체가 바로 말씀이다. 그런데 교회가 이 영(성경)을 정확하게 깨닫지 못하다보니 대부분 성령(말씀)을 곡해하고 있다.

그래서 이번 책자에 파동(이름)의 에너지(성령) 자체가 하나님의 말씀(성경)임을 전하고 싶었고, 동시에 한글은 입모양을 본 떠 만든 세계 유일무이한 소리글자이기에 구성성명학을 통해 세계인들의 이름을 분석해 그 속에 담겨진 파동의 비밀을 깨닫게 하고 싶었다.

그동안 '성공하는 이름. 흥하는 상호'의 책자나 '이름이 성공을 좌우한다.'의 책자에 구성성명학의 이론과 외국인 이름풀이를 선명하게 풀이해 놓았고, 아울러 언론매체나 유튜브에 이름 속에 내재된 운명의 비밀들을 수없이 밝혀 놓았다. 따라서 모든 물체는 파동의 에너지에 따라 운세가 작용한다는 사실을 국내는 물론 세계인들한테 널리 알리고 싶었기에 그래서 이 한 권의 책을 준비했다.

사단법인 다지음한글구성성명학회
예지연 회장

publishing a book

As a doctor of ministry, I am currently doing pastoral ministry at Gangneung Smyrna Church. Most people would be surprised or puzzled if such a person is running Dajieum Co., Ltd., a naming franchise business. However, if you look closely at the Bible, God's will and plan inherent in the name are well revealed through the genealogy of Jesus Christ in Matthew 1. Jesus Christ, who came as the light (Word), is in Genesis 1, 'God divided the light from the darkness. He called the light Day, and the darkness he called Night." God called the light "day" here, and God gave the name "day" to "light." And what confirmed it was God, who was named in the beginning, because John 1:4 says, "In him was life, and this life was the light of men." That's why he brought an animal to Adam and saw how Adam named it. Therefore, the name of the world is the name of the beast created by Adam, and the name God created is light and corresponds to the name of life. Therefore, it is necessary to clearly distinguish between God's naming and man's naming so that when pastors preach the words of the Bible, they can judge whether they are preaching in God's way or man's (covetous) thoughts. Therefore, the whole Bible mentions the importance of names more than anyone else because the names themselves appearing in the Bible as spiritual messages about names contain God's will and plans.

Today, the world is so wide and narrow that it is called the global village.

So, twenty years ago, there was a friend named Jay who went from the edge of Seoul to Incheon without stopping to study epidemiology for nearly a year. She was three years older than her writer, but we were just her friends, with no promise to anyone. After studying for about an hour, the two shared a meal as if they had promised, and shared life without realizing the passage of time. That was the hardest time for me financially. Jay and I only shared our dreams for the future to forget the economic pain. As soon as such a friend finished her master's degree in English literature in 2000, she planned to go to the United States. After she immigrated to the United States, she couldn't talk face to face like before, but they used to exchange their regards by exchanging each other's current situation from time to time.

Yes, Jay was the first person who came to mind after completing the study of constructive statements. Above all, she first presented her proposal to surprise the world by resolving the names of foreigners. At the time, Jay was busy with a doctor who ran the hospital, but she happily accepted my proposal. From then on, when I translated the names of American celebrities and sent them as melodies, Jay translated them back into English. Thanks to that, the manuscripts collected at that time are still preserved.

At the time of 2013, Jay's help was needed to translate, but now there is a translator, so it is possible to solve the name or trade name of any country freely. So, I analyzed the names of world-famous people that I wrote in my spare time and included them in this booklet.

Above all, the word itself is the energy of the wave. Everything in the universe itself is contained within God. Above all, God is a Spirit, and the Spirit itself is the Word. However, most of the churches misinterpret the Holy Spirit (the Word) because they do not accurately understand this spirit (the Bible).

So, in this booklet, I wanted to convey that the energy (Holy Spirit) of waves (names) itself is the word of God (Bible). I wanted to make them realize the secret of the waves inside.

In the meantime, 'successful name. The theory of compositional linguistics and the interpretation of foreign names are clearly explained in the booklet of 'Healing Mutual Success' or 'Name Determines Success.' revealed Therefore, I wanted to spread the fact that all objects have fortunes according to the energy of waves, not only in Korea, but also in the world, so I prepared this book.

Dajium hangul Soundname Academy
Yejiyeon Chaiman

세계인들이 이름에 놀라는 이유는?

　필자가 2012년 미국지사를 개설하기 위해 보름간 켈리포니아를 다녀온 적이 있다. 그곳서 미국. 프랑스, 멕시코. 태국 등의 사람들의 이름을 상담하면서 느낄 수밖에 없었던 것은 그야말로 이름대로 살아간다는 사실이다. 그들의 이름을 풀이해 주면서 타고난 성격과 배우자와의 관계, 금전 운 등을 얘기해 주면 하나같이 내 이름만 갖고 어떻게 그렇게 정확하게 알 수 있느냐며 다들 놀라곤 했다.
　한글은 소리음이기 때문에 인명이나 사물은 물론 어느 나라가 되었든 입에서 불리는 모든 소리로 파동의 에너지를 분석해 물체에 대한 길흉을 파악할 수 있다. 그러다보니 그들도 감탄했고 필자도 뚜렷하게 그들의 이름을 풀이해 주면서 확인한 부분이다. 그래서 유네스코에 등재된 한글과 성명학을 접목시켜 한류열풍에 발맞추어 세계인들한테 이름의 비밀을 알려야겠다는 생각을 갖게 되었다. 그래서 각 나라에 이슈가 되고 있는 유명인들의 이름을 풀이하여 모든 이들에게 구성성명학에 대한 새로운 인식과 소리에서 파생되는 이름의 중요성을 국내는 물론 전 세계에 알리고 싶었다.

　한글은 입모양을 본떠 만든 유일 무일한 소리글자다. 무엇보다 한글은 인체의 발음기관과 우주 구성의 3대 요소인 삼재(三才: 하늘, 땅, 사람)를 본떠서 만든 언어학임과 동시에 그 누구도 부인하지 못하는 소리음이다. 그러한 소리에너지를 성명학에 접목시켜 연구 개발된 학문이 또한 구성성명학이다. 그러다보니 이름 속에 내재된 수리 배합에 의해 당사자의 운명이 상세하게 드러나는 구성성명학의 비밀을 모두에게 전하고 싶었다.

　현대는 유튜브를 통해 모든 것을 바꾸어 놓을 정도로 하루가 다르게 급속히 변화되어 가고 있다. 불과 삼십여 년 전만해도 세계로의 도약이 꿈같은 일이었는데 지금은 한류열풍이 세계를 휩쓸고 있다. 이미 오래전 정명훈 같은 국제적인 피아니스트가 있는가 하면 세계적인 성악가 조수미, 세계 최고의 정상에 오른 빙상의 김연아, 아카데미 조연상을 받은 윤여정, 최근 들어 최초로 비영어권 영화로 에미상 남우주연상과 감독상을 받은 오징어게임 등이 세계인의 관심을 집중시켰다. 그리고 방탄소년단은 유엔 총회나 백악관에서 공연을 펼칠 정도로 한국가수로서의 유용을 과시했을 뿐 아니라, 걸어 다니는 기업이라 할 정도로 엄청난 음반판매량을 올린 젊은 청년 기업가들 BTS가 세계인들을 뜨겁게 열광시키고 있다.

　대개의 경우 어떤 한 분야에 성공한 사람들의 이름을 분석해 보면 그 안에 성공할 수밖에 없는 내재된 기운을 갖고 있다. 반면에 실패를 반복하는 사람들의 이름을 보면 그 원인 또한 흉한 수리배합에 있는 것을 많이 본다.

　타고난 운명과 더불어 성공에 강력한 작용을 하고 있는 것이 있다면, 그것이 바로 이름이다. 이름이란 우리가 늘 불러주는 소리, 즉 입에서 불러주는 소리에너지다. 따라서 입으로 이름을 불렸을 때, 파동에너지가 발생하여 성공으로 가느냐, 아님 실패로 가느냐가 달려 있기에 좀 더 나은 삶의 질을 높이고자 한다면 좋은 이름으로 개명하라는 거다. 따라서 불길한 이름으로 인해 실패하는 삶을 살기 보다는 좋은 이름을 통해 성공적인 삶을 살아가게 되기를 바라는 마음에서 세계인들의 이름풀이를 통해 그들이 얼마나 이름대로 살고 있는가를 밝히고 싶었다. 그리고 무언가 끝없이 도전하는 사람들에게 성공의 비밀이 이름에 있다는 것을 아낌없이 전하고 싶은 마음에 이 책을 준비했다.

Why are people around the world surprised by name?

In 2012, I visited California for 15 days to open a US branch. the United States there. France, Mexico. What I couldn't help but feel while consulting names of people in Thailand and elsewhere is the fact that they literally live up to their names. When I explained their names and told them about their innate personalities, relationships with their spouses, and financial luck, they were all amazed at how they could know my name so accurately.

Since Hangeul is a sound system, it is possible to analyze the energy of the wave with all the sounds that are called from the mouth, regardless of the country, as well as people or objects, to determine the auspiciousness of the object. As a result, they were also impressed, and this is the part that I confirmed while clearly explaining their names. So, I came up with the idea to inform the world of the secret of my name in line with the Hallyu craze by combining Hangeul, which is registered in

UNESCO, with the study of naming. So, I wanted to explain the names of famous people who are becoming issues in each country and let everyone know about the importance of names derived from new perceptions of compositional naming and voices not only in Korea but also around the world.

Hangeul is the only phonetic alphabet made by imitating the shape of the mouth. Most of all, Hangeul is a linguistic modeled after the human body's pronunciation organ and the three elements of the universe, the three elements (Sky, Earth, and Man), and at the same time, it is a sound that no one can deny. The study that has been researched and developed by grafting such sound energy into Seongmyeonghak is also compositional Seongmyeonghak. As a result, I wanted to tell everyone the secret of compositional naming, in which the fate of the person concerned is revealed in detail by the mathematical combination inherent in the name.

Hyundai is changing rapidly day by day to the extent that everything is changed through YouTube. Just 30 years ago, leaping into the world was like a dream, but now the Korean wave is sweeping the world. There are already international pianists like Myung-Hoon Chung, world-renowned vocalist Sumi Jo, Yu-Na Kim on the ice, who won the Academy Award for Best Supporting Actress, Yeo-Jung Yoon who won the Academy Award for Best Supporting Actor, and Squid Game, which won the Emmy Award for Best Actor and Best Director for the first time in a non-English language film. Concentrated,

And BTS not only showed off their usefulness as Korean singers to the extent of performing at the United Nations General Assembly or the White House, but BTS, young entrepreneurs who have raised record sales so much that they are called walking companies, are passionately enthusiastic about the world.

In most cases, if you analyze the names of people who have succeeded in a certain field, they have an inherent energy that has no choice but to succeed. On the other hand, if you look at the names of people who repeat failure, you will see that the cause is also in an ugly repair mix.

If there's one thing that has a powerful influence on success, along with your destiny, it's your name. A name is the sound we always call, that is, the sound energy that we call from our mouth. Therefore, when the name is called by mouth, wave energy is generated and it depends on whether it leads to success or failure, so if you want to improve the quality of life a little better, change your name to a good name. Therefore, rather than living a life of failure due to an ominous name, I wanted to reveal how much they live up to their names through solving names of people around the world in the hope that they will live a successful life through a good name. And I prepared this book with the desire to tell those who endlessly challenge something that the secret of success is in the name.

이름에는 하나님의 뜻과 계획이

 운동장 맞은 편 길가에 나무로 생활용품을 깎아 파는 노인이 있었다. 마침 칼국수용 널따란 도마가 필요해 주문을 했다. 마땅한 크기의 나무를 고르더니 열심히 깎아 나갔다. 처음에는 빨리 깎는 거 같더니 이리 돌려보고 저리 돌려보며 굼뜨더니 자꾸만 더 깎는 것이었다. 곁에서 보기에 그만하면 다 된 것 같은데 계속해 깎아 나갔다.
 시외로 떠나는 차 시간 때문에 조바심이 나서 이젠 다 됐으니 그냥 달라고 했다. 그런데도 못들은 척했다. 그래서 반복하여 더 깎지 않아도 좋으니 그냥 달라고 했다. 그랬더니 신경질적인 말투로,
 "끓을 만큼 끓어야 밥이 되지 생쌀을 재촉한다고 밥이 되우?"
 이렇게 짜증스럽게 대꾸하고 계속 모른 척 했다.
 "그래도 살 사람이 좋다는데 그냥 주시죠?"
 그러자 노인이 퉁명스럽게,
 "다른 데 가서 사우. 난 팔지 않을 테니"
 그렇지만 요즘은 수제로 만든 나무 도마를 구하기가 어려운 때

라 포기하고 그냥 갈 수가 없었다.

"어르신 차 시간이 없어서 그래요."

그런데도 계속 못들은 척하는 노인장 때문에 어쩔 수 없이 체념하고 기다리고 있는데 그 앞에 목판으로 새긴 '盧誠眞'이란 한자가 궁금해 물었다.

"어르신 함잔가요?"

'노성진'이란 문구가 상호인지 이름인지 몰라 목판을 가리키며 물었다.

"그렇다우"

딸만 일곱인 집에 아버님이 당신을 오십 넘어 낳은 아들이라 했다. 그러면서 훈장이셨던 조부가 정성 성(誠), 참 진(眞)으로 지어주셨다는 말까지 덧붙였다. 젊은 시절부터 부친 밑에서 목공을 배운 노인은 늘 듣는 소리가 '너는 이름값을 해야 한다'는 소리였다. 이름 자체가 정성 '성'에, 참 '진'이니 꼭 그렇게 살아야 한다는 부친의 당부였다.

비록 길가에 앉아 나무를 깎아 파는 목공예로 평생을 살았지만 노인은 자신이 하는 일에 애착과 긍지를 갖고 있었다. 만약 단지 돈벌이의 수단으로 그 일을 하고 있었다면 대충 깎아 하나라도 더 만들어 팔았을 게다. 그러나 노인은 자신이 하는 일에 대충하고 돈 받고 싶은 마음은 없었다. 그런 올 곧은 성정이 행여 이름 때문이 아닌가 싶어,

"연세가 어떻게 되세요?"

"보기보다 그리 많지 않다우"

그러면서 48년생 쥐띠라고 했다. 우선 노(盧)씨 성에 천간(天干) 3.7과 이름 끝자 진의 지지(地支)가 3.4.8로 되어 있어 평생을 목공예로 살아갈 수밖에 없는 이름이었다. 7.8이 직업인데 3.4의 파극(破剋)을 받으면 죽었다 깨어나도 직장(조직)생활

을 못한다. 아울러 이름 첫 자에 9.2.2는 모든 세력이 자기를 중심으로 집중되어 있어 한번 마음먹은 일은 무엇이든 굽히는 법이 없고, '진'의 0.9.3 또한 융통성 부족으로 사람들과의 융화가 어렵다. 그러므로 이런 이름의 주인공들은 혼자 하는 일이 적성에 가장 잘 맞는다. 따라서 노인이 평생 동안 목공예를 하게 된 삶 또한 어떻게 보면 생활비를 버는 방편이 아니라 그의 재능의 목적이었다고 볼 수 있고 삶 자체였다고 볼 수 있다.

완성된 도마를 포장해 건네주면서 나무 깎는 일은 정성과 마음이 들어가야 좋은 제품이 되는 거라면서 자기처럼 외길 인생을 살다 가신 아버님을 지금도 존경한다고 했다. 이 세상에 끝까지 아들을 믿고 기다려준 분은 아버님 한분밖에 없었다는 말을 곁들이면서 많이 기다리게 해 미안하다는 인사까지 했다.

"나무를 깎는 일 자체가 내 삶의 인생을 깎고 다듬는 일이라우"
다소 철학적인 말을 건네며 연한 미소를 지었다.
"어쨌거나 완성되지 않은 상태에서 줄 수 없었다우"
자신의 고집스런 성격을 이해하고 기다려 줘서 고맙다며 거듭 인사했.

도마를 받아들고 돌아서는 마음 한 켠에, 오래 전에 돌아가신 부친을 지금도 존경하고 신뢰한다는 노인의 말이 자꾸 귓가에 맴돌았다. 그리고 '너는 이름값을 해야 한다'는 그 말이 성명학을 연구하는 사람으로서 다시 한 번 실감나게 했.

모든 사람들은 자신과 꼭 닮은 자녀를 갖기를 소망한다. 그래서 손(孫)이 귀한 아들일수록 자식의 이름을 짓는데 심사숙고하면서 오랫동안 고심한다. 이름을 지으면서 그 이름에 뜻을 더하고, 그 뜻과 같이 자식의 잘 되길 바라는 마음을 담는다. 그리고 인생을 살아가는 동안 좋은 일과 행복한 일만 가득하길 이름을 통해 그렇게 살게 되기를 부모라면 누구나 다 똑같이 바라는 마음이다.

　세상사의 아버지도 이와 같은데 하물며 우리를 위해 천지를 창조하신 하나님 아버지의 마음은 어떠하시겠는가? 그래서 창세기 1장을 시작으로 요한계시록까지 그 마음의 표현을 이름에 다 담아 놓으신 거다.

　따라서 빛의 백성한테는 '그리스도인'이란 이름이 붙는다. 그러므로 다른 이름을 내려 하지 말아야 한다. 그래야 우리의 이름이 생명책에 기록이 된다. 그런 의미에서 호랑이는 죽어서 가죽을 남기고 사람은 죽어서 이름을 남긴다는 격언은 기독교인들한테는 옳지 않다. 격언에서의 이름은 자기애(愛)다. 즉 자신의 업적이나 공로를 하나님보다 우선으로 삼는 것을 말한다.

　　무릇 내 이름으로 일컫는 자 곧 내가 내 영광을 위하여 창조한 자를 오게 하라 그들을 내가 지었고 만들었느니라(사43:7)

　하늘(빛) 백성들은 하나님의 이름을 위해 살게 되는 자들이다. 그들을 위해 하나님께서 천지를 창조하셨기 때문에 그들의 이름은 이미 하늘나라의 생명책에 기록해 놓으셨다고 하셨다. 주님은 교회더러 그것이 곧 기쁨의 근원이 되어야 한다고 말씀 하셨다.

　　그러나 귀신들이 너희에게 항복하는 것으로 기뻐하지 말고 너희 이름이 하늘에 기록된 것으로 기뻐하라 하시니라(눅10:20)

　따라서 이 구절은 예수님에 의해 파송이 되었던 제자들이 귀신도 쫓아내고 병도 고치고 하는 기적을 경험한 뒤에 기쁨에 겨워 주님께로 돌아왔다. 그런데 주님은 그런 기적과 능력으로 기뻐하지 말고 너희의 이름이 하나님 나라에 기록된 것으로 기뻐하라고 당부하셨다.

그만큼 이름은 성경에서도 이와 같이 가장 중요하게 여기는 부분이다. 그러기 때문에 이 세상에서 행한 능력과 업적과 평가는 곧 사라질 것이지만 하나님 나라에 기록된 이름은 영원히 지워지지 않을 것이기 때문에 그것으로 기뻐하라고 하신 거다.

따라서 고대 사회에서 이름은 그 사람의 성품이나 인생의 내용과 그 사람의 정체성을 나타낸다. 그래서 아브람의 이름을 하나님께서 아브라함으로 바꿔주신 이유도 바로 그거다. 요즘말로 하면 그게 개명이다.

아브람의 이름은 '존귀한 아버지'라는 뜻이다. 그러나 하나님께서는 아브라함의 이름을 통해 '믿음의 조상'으로서의 삶을 살도록 나타내신 거다. 즉 믿음의 조상이란 이름을 선택하신 뜻을 다음과 같이 말씀하셨다. '내가 아브라함을 선택한 것은, 그가 자식들과 자손을 잘 가르쳐서, 나에게 순종하게 하고, 옳고 바른 일을 하도록 가르치라는 뜻에서 한 것이다. 그의 자손이 아브라함에게 배운 대로 하면, 나는 아브라함에게 약속한 대로 다 이루어 주겠다.'

그러므로 이때부터 말씀을 성취하기 시작하셨고, 하나님 아버지께서 계획하신 영원한 언약들을 믿음의 조상 아브라함을 통해 그대로 이루어 가셨다. 아브람(존귀한 아버지)을 아브라함(모든 민족의 아버지, 믿음의 조상)으로 개명하여 주시기까지 약 24년 동안 아브람은 인본주의적인 믿음으로 살았고 하나님에 대하여 제대로 알지 못했다. 그래서 99세에 아들을 주시겠다는 하나님의 말씀에 아내(사래)까지 웃었다. 그때까지만 해도 아브람은 여호와 하나님을 인간적인 생각으로 믿었기에 하나님께서 언약하신 아들에 대한 약속도 그냥 인간적인 생각으로 흘러들었다. 그래서 자식에 대한 소망이 사라졌다고 생각되어 아내의 이야기를 듣고 아내의 몸종 하갈과 관계하여 아들을 낳게 된 거다. 그로인해 오늘날의 아랍민족의 조상으로 이스마엘, 즉 현재 이슬람 종교를 세상에 존재케 한 근원이 되었다. '이스마엘' 이름의 뜻은 '하나님께서 들으신다.' 라는 의미를 가지고 있다.

  이와 같이 모든 이름은 하나님의 뜻과 계획에 의해 행해지고 있음을 성경을 통해 익히 알 수 있다. 하나님은 이 역사 속에서 그것을 증명하기 위해 일부러 이름을 지어주면서 이 세상 자체가 하나님의 뜻과 계획에 의해 움직여지고 있음을 성경에 등장하는 이름들을 통해 암시하고 있다. 그게 바로 하늘나라의 축소판으로 하나님께서 이름을 지어주시고 개명하시는 것도 이런 연유에서다.

  그 증거가 하나님의 말씀(성경) 속에 등장 하는 인물들의 이름 안에 그 뜻이 다 함축되어 있기 때문이다. 따라서 아담이 지은 이름들은 짐승의 이름이었으나 하나님이 지어주신 이름은 바로 사람(아담)이다. 사람 속에 하나님의 생명력을 불어 넣으시므로 사람인 아담만이 생령된 자가 된 거다. 따라서 하나님께서 모든 영혼을 창조하시고, 그 뜻을 모든 사람에게 알리기 위해 성경에 등장한 인물들의 이름을 지어주셨다. 그 이름 속에 함축된 뜻에 따라 하나님의 계획이 성취되고 이루어져 가고 있음을 교회라면 알아야 한다.

God's will and plan in the name

On the side of the road across from the playground, there was an old man who carves household items out of wood and sells them. Just in time, he ordered a wide chopping board for kalguksu. He picked out a tree of the right size and painstakingly carved it out. At first, it seemed like he was cutting fast, then he turned around and then he turned around, and then he kept cutting more and more. Looking at it from the side, it seemed like it was all done, but he continued to cut it.

I was impatient because of the car time to leave for the out-of-town, so I just asked for it because it was all over. Still, I pretended not to hear. So I didn't have to shave more repeatedly, so I just asked for it. Then, in a nervous tone,

"You have to boil enough to make rice, but if you rush raw rice, it becomes rice, right?"

He responded annoyedly and kept pretending not to

know.

"Still, you say you like someone to live with, so why don't you just give it to me?"

Then the old man brusquely said,

"Go buy it elsewhere, I won't sell it"

However, it was difficult to find handmade wooden cutting boards these days, so I couldn't just give up and go.

"It's because the elderly don't have time for tea."

However, I had no choice but to give up and wait because of the old man who kept pretending not to hear.

"Is that your name?"

I didn't know if the phrase 'No Seong-jin' was a trade name or a name, so I pointed to a wooden board and asked.

"Yes"

In a family with only seven daughters, your father called you a son born in your 50s. At the same time, he even added that his grandfather, who was a medal, built it with sincerity and sincerity. The old man, who learned carpentry under his father from his youth, always heard the voice, 'You have to pay for your name'. It was his father's request that since the name itself is sincere 'surname' and true 'jin', he must live like that.

Although he lived his whole life as a woodworker sitting on the side of the road and cutting and selling trees, the old man was attached and proud of what he was doing. If he had been doing it just as a means of making money, he would have made and sold at least one more.

A secret with a name that even surprises the world

However, the old man did not want to be paid for what he was doing. I wonder if such an upright disposition is due to the name.

"How old are you?"

"Not so much as it looks"

At the same time, he said that he was born in the 48th year of the Rat. First of all, Mr. Roh's surname has 3.7 heavenly stanzas and 3.4.8 after birth with the last name, Jin. 7.8 is my job, but if I get a catastrophe from 3.4, I die and I can't work (organization) even after waking up. In addition, 9.2.2 in the first letter of the name has all the forces concentrated around it, so it never bends anything once it has made up its mind, and 0.9.3 of 'Jin' also has difficulty in harmony with people due to its lack of flexibility. Therefore, the protagonists with these names are best suited to work alone. Therefore, the life of the old man who has been doing carpentry for the rest of his life can also be seen as the purpose of his talent rather than a way to earn living expenses, and it can be seen as life itself.

As he wrapped up and handed over the finished cutting board, he said that wood carving requires sincerity and heart to make a good product. He even apologized for making him wait so long, saying that his father was the only person in this world who believed in and waited for his son until the end.

"Cutting trees is itself cutting and trimming my life."

He gave a somewhat philosophical comment and gave a light smile.

"Anyway, I couldn't give it to you in an unfinished state."

He repeatedly said thank you for understanding his stubborn personality and waiting for him.

In the corner of my heart as I accepted the chopping board and turned around, the old man's words that he still respects and trusts his father, who had passed away a long time ago, kept ringing in my ears. And the words 'you have to pay for your name' made me realize once again as a person who studies theology.

Everyone desires to have children just like them. So, the more precious the grandson is, the more carefully he thinks about naming his son and struggles for a long time. While naming, add meaning to the name, and put your hopes for the child's well-being in the same way as that meaning. And while living life, all parents want the same hope that they will live like that through their name, so that only good things and happy things will happen.

The father of the world is like this, how much more must the heart of Heavenly Father, who created the heavens and the earth for us, feel? That's why, from Genesis 1 to Revelation, he put all the expressions of that heart into his name.

Therefore, the people of light are given the name 'Christians'. Therefore he should not give another name. So our names are written in the book of life. In that sense, the adage that tigers leave their skins when they die and people leave their names when they die is not true for Christians. The name in the proverb is self-love. In other words, it means to prioritize one's own achievements or merits over God.

> Everyone who is called by my name, whom I created for my glory, whom I formed and made (Isaiah 43:7).

The people of heaven (light) are those who live for the name of God. He said that because God created the heavens and the earth for them, their names have already been written in the book of life in the kingdom of heaven. The Lord told the church that it should be a source of joy.

> But do not rejoice that the demons submit to you, rejoice that your names are written in heaven (Luke 10:20).

Therefore, this verse tells us that the disciples who were sent out by Jesus returned to the Lord with joy after experiencing the miracles of casting out demons and healing the sick. However, the Lord asked us not to rejoice with such miracles and powers, but to rejoice that your names are recorded in the kingdom of God.

The name is the most important part in the Bible as well. That's why the abilities, achievements, and evaluations done in this world will soon disappear, but the names recorded in the kingdom of God will never be erased, so he told us to rejoice with them.

Thus, in ancient societies, a name represents a person's

character, the content of his or her life, and the person's identity. That is why God changed Abram's name to Abraham. In today's terms, that's a dog name.

Abram's name means 'exalted father'. However, through the name of Abraham, God showed us to live a life as the "ancestor of faith." In other words, he said the meaning of choosing the name of the ancestor of faith as follows. 'I chose Abraham in the sense that he would teach his children and descendants well, so that they would obey me and teach them to do what is right and right. If his descendants do what Abraham taught them, then I will do everything I promised Abraham.'

Therefore, from this time on, He began to fulfill the Word, and fulfilled the eternal covenants that Heavenly Father had planned through Abraham, the ancestor of faith. For about 24 years until Abram (a noble father) was changed to Abraham (the father of all nations, the ancestor of faith), Abram lived with humanistic faith and did not properly know about God. So he laughed at God's word that he would give him a son at the age of 99, even his wife (Sarai). Until then, Abram believed in Jehovah God with human thoughts, so the promise of God's promised son also flowed into human thoughts. So, thinking that his wish for a child was gone, he heard his wife's story and had a relationship with her wife's maidservant Hagar and gave birth to a son. As a result, Ishmael, the ancestor of today's Arab people, became the source that made the current Islamic religion exist in the world. The name 'Ishmael' means 'God hears'.

In this way, we can know well through the Bible that all names are being done according to God's will and plan. God deliberately gave names to prove it in this history, implying through the names in the Bible that this world itself is being moved by God's will and plan. It is for this reason that God names and changes the name as a miniature version of the kingdom of heaven.

The proof is because the meaning is all implied in the names of the people who appear in God's Word (the Bible). Therefore, the names Adam gave were the names of beasts, but the name God gave was man (Adam). Because God breathed life force into man, only Adam, a man, became a living being. Therefore, he said that God created all souls and named the characters in the Bible to make his will known to everyone. The church must know that God's plan is being fulfilled and being realized according to the meaning implied in the name.

왜 이름이 중요한가!

　실패와 좌절의 뼈아픈 고통을 겪어 본 사람이면 누구나 심각하게 한번쯤은 운명을 과연 바꿔 볼 수 없는가 하고 생각해 보게 된다. 그러므로 아무리 완벽한 계획아래 도모하고자 하는 일에 철두철미한 사전 답사를 하고 시작했다 하더라도, 이름이 흉하면 실패가 연속해 일어난다는 사실이다. 무엇보다 급속히 변화되어 가는 세상에 삶의 질을 높이길 원하는 사람한테는 좋은 이름이나 상호가 필요할 수밖에 없다.
　특히 세계를 상대로 사업하는 사람이나 세계를 무대로 진출하는 예. 체능인이나 이에 상응하는 사람들은 그야말로 국제적이면서 널리 통용될 수 있는 부드러운 외국식 발음의 한글 이름이 바로 그 사람을 나타내는 좋은 브랜드요, 그에 상응하는 재산 가치가 된다. 따라서 상호나 이름이 그 사람의 삶의 질을 한 차원 높게 상승시켜 주는 원동력이 된다. 왜냐하면 상호나 이름은 국내서만 쓰는 것이 아니라, 전 세계를 무대로 외국인을 상대로 사용하게 되는 곧 자기 얼굴에 해당되는 브랜드기 때문이다.
　그런 부분에서 상호나 이름이야말로 한글을 국제적으로 널리 알릴 수 있는 절호의 찬스가 될 수 있다. 그래서 한글의 위대성을 구성성명학과 접목시켜 세계에 널리 알려야 할 필요를 느꼈고 또한 그로인해 유명인의 이름풀이를 통해 세계를 깜짝 놀라게 하고 싶었다.

　무엇보다 사람들의 삶의 한 부분이 되어 버린 이름에서 발현되는 다양한 인종의 각 나라 사람들의 성향 등을 구성성명학으로 풀이하여 성공과 명예를 불러오는 주체 세력이 이름임을 확인시킬 필요가 있었다.

　이름에서 불리는 소리는, 그 속에 잠재된 기운이 파동을 일으켜 인간의 운명에 적잖은 영향을 미친다. 즉 이름에서 망해라! 망해라! 하면 망하고, 잘된다! 잘된다! 하면 잘된다. 평생 불러주는 이름이야말로 발음 기관인 입을 통해 소리가 나오기 때문에 이와 같이 입에서 불리는 에너지가 인생 전반에 걸쳐 직접적인 영향을 미치게 된다.

　한글은 입모양을 본떠 만든 세계 유일 무일한 소리글자다. 따라서 이름을 다른 말로 하면 성명(姓名)이다. 성명의 근원을 알아보면 낮에는 표정이나 제스처로 자신의 생각을 표현 할 수 있으나, 저녁때가 되면 날이 어두워 표정이나 제스처가 보이지 않아 입을 통해 자신의 의사를 전달하게 된다. 그래서 저녁 석(夕)자에 입 구(口)자를 합성해 명(名)이 되는 것이다.

　따라서 이름이란 우리가 늘 불러주는 소리, 즉 입으로 불러주는 구성(口聲)에 따른 파동이 그 속에 잠재된 기운이 에너지를 일으켜 인간의 운명에 적잖은 영향을 미친다. 이렇듯 소리(파동)엔 그 소리만이 갖고 있는 강한 오행의 뜻이 담겨 있어, 재물운, 건강운, 자식운, 배우자운. 학문운, 부모운, 명예운, 수명운 심지어 성격까지도 알 수 있다. 그러기 때문에 이름이 삶에 직접적인 영향을 미치기 때문에 이름이 매우 중요한 거다.

Why are names important!

Anyone who has experienced the painful pain of failure and setbacks seriously wonders at least once if it is possible to change one's fate. Therefore, no matter how perfect a plan you want to promote, even if you start with a thorough preliminary investigation, it is a fact that if the name is bad, failures will occur continuously. Above all, a good name or trade name is inevitable for those who want to improve the quality of life in a rapidly changing world.

Especially those who do business with the world or those who advance to the world stage. A Korean name with a soft foreign pronunciation that can be internationally and widely used is a good brand representing that person and a corresponding property value. Therefore, a trade name or name becomes the driving force that raises the quality of a person's life to a higher level. This is because a trade name or name is not only used domestically, but is a brand that corresponds to one's own face, which is used against foreigners around the world.

In that respect, a trade name or name can be a golden opportunity to promote Hangeul internationally. So, I felt the need to spread the greatness of Hangeul to the world by combining it with compositional linguistics, and also wanted to surprise the world through solving the names of celebrities.

Above all, it was necessary to confirm that the main force that brings success and honor is the name by interpreting the propensity of people of various races and countries expressed in the name that has become a part of people's lives through the study of constructive statements.

The sound that is called by a name has a significant impact on human destiny by causing a wave of latent energy within it. In other words, damn the name! perish! If you do, you will fail, and you will be fine! well done! it works fine Since the name that is called throughout life comes out through the mouth, which is the organ of pronunciation, the energy called from the mouth has a direct effect throughout life.

Hangeul is the only phonetic alphabet in the world made by imitating the shape of the mouth. So, in other words, a name is a name. If you find out the source of your statement, you can express your thoughts with facial expressions or gestures during the day, but in the evening, you can't see your facial expressions or gestures because it's dark, so you convey your intentions through your mouth. So, the character for evening is combined with the character for mouth to form name.

Therefore, a name is a sound that we always call, that is, a wave according to the composition of the mouth, and the latent energy in it generates energy and has a considerable impact on human destiny. In this way, the sound (wave) contains the strong meaning of the five elements that only the sound has, wealth luck, health luck, child luck, spouse luck. Academic luck, parental luck, honorary luck, lifelong luck, and even personality can be known. That's why names are so important because they directly affect your life.

세종대왕과 한글

　세종대왕께서 한글을 1443년에 창제했다. 세종은 '집현전'이란 연구기관을 세우고 여러 학자들을 불러 모아 천문학, 과학, 언어학 같은 다양한 분야의 학문을 꾸준히 연구했다. 그 중에 가장 뛰어난 것이 누구나 쉽게 배우고 쓸 수 있는 한글이다.
　그러기에 우리가 인류 역사를 통해 가장 훌륭한 지도자를 꼽으라 한다면, 그야말로 우리에게 글자를 만들어 무식을 없애고 민족 문화를 꽃피우게 한, 한글을 창제하신 세종대왕이 아닐까 싶다.
　무엇보다도 한글은 발성(發聲) 기관의 소리 내는 모양에 따라 체계적으로 창제된 과학적인 문자일 뿐 아니라, 나아가 문자 자체가 소리의 특질을 반영하는 글자다. 따라서 한글의 제자(制字) 원리는 자음 19자와 모음 14로 모든 소리를 만들어 낼 수 있는 즉 과학적이면서 매우 독창적인 음소문자이다. 한글의 음소문자 곧 알파벳 문자의 장점과 음절문자의 장점을 동시에 지닌 희귀한 글자이다. 그래서 한글은 글자의 조합으로 숱한 음절을 형성할 수 있을 뿐 아니라 단어를 음절 단위로 적어 놓아 읽기를 편하게 하는 장점도 지니고 있다.

　이러한 과학적인 방법으로 550여 년 전에 창제된 한글이야말로 그 어느 나라에서도 유례가 없는 독창성을 지니고 있다, 그래서 현대 과학자나 언어학자들이 한글의 과학성을 높이 사는 이유가 자음은 발음 기관의 모습을 바탕으로 이루어진 반면에 모음은 수직선이나 수평선 등의 긴 선을 이용해 디자인되어 있어 한눈에 구분이 된다는 점에서 높이 산다. 이는 로마자 알파벳이나 일본 문자 등에서는 거의 볼 수 없기 때문이다. 그리고 한글은 일정한 소리를 가진 문자학 적으로 으뜸가는 글자이다 보니 배우고 익히기가 매우 쉽다.

　이러한 한글의 특성으로 말미암아 국제기구에서 공인을 받기에 이르렀는데, 유네스코에서는 해마다 세계에서 문맹퇴치에 공이 큰 이들에게 '세종대왕 문맹퇴치상'을 주고 있다. 이 상의 이름에 세종을 넣은 것은 한글이 가장 배우기가 쉬운 글자임을 세계가 인정했기 때문이다. 무엇보다 한글 덕분에 세계에서 문맹률이 가장 낮은 나라가 바로 한국이 되었다.

　한글이 만들어지기 전까지는 중국 글자로 기록해야 했기 때문에 한국인의 정서나 생활을 마음껏 표현할 수가 없었다. 그렇지만 어떤 말이나 소리를 자유자재로 표현할 수 있는 한글이 창제된 덕분에, 한국문화는 커다란 번성기를 맞이하여 창작과 번역이 활발하게 이루어졌다. 특히 세종 때 사서오경(四書五經)이 번역되었고, 유교 경전도 번역되었다.

　특히 조선 후기에 이르러서는 책의 수요가 증가함에 따라 민간에서 영리를 목적으로 간행한 방간본(坊刊本)이 성행하기도 하였는데, 이러한 소설류들은 한글로 쓰여 있어 독서인구 확대에 크게 기여했다. 특히 춘향전, 삼국지, 초한지 등의 소설류가 인기를 끌었다.

무엇보다 한글이 지닌 독창적이고 과학적인 구조가 정보사회인 현재에 이르러서는 현대 첨단과학의 산물인 컴퓨터의 원리에 부합되어 자판과 소프트웨어가 빠르고 쉬운 한글 프로그램으로 바뀌어 있다.

요즘에는 세계 각국에서 한국어를 배우려는 사람들이 늘어나고 있을 뿐 아니라 한국어를 교과과정에 포함시켜 한국에 유학을 오기도 한다. 따라서 한글은 어느 나라 사람이든 쉽게 배울 수 있는 글자이기에 무엇보다 구성성명학의 이론체계를 중심으로 유튜브나 책을 통해 세계인들한테 한글의 위대성을 알릴 계획이다. 따라서 한글만이 해낼 수 있는 이름에서 발현되는 각 개인의 운명과 사업의 방향성을 앞으로 계속해 펼쳐나갈 생각이다. 그러므로 한글구성성명학이 새로운 문화유산으로 세계인들한테 새롭게 각인될 수 있도록 최선을 다해 홍보에 앞장설 것이다.

King Sejong the Great and Hangeul

King Sejong the Great created Hangeul in 1443. King Sejong established a research institute called 'Jiphyeonjeon' and invited various scholars to steadily study various fields such as astronomy, science, and linguistics. The best among them is Hangeul, which anyone can easily learn and write.

Therefore, if we are asked to pick the greatest leader in human history, it would be King Sejong the Great, who created Hangeul, who created letters, eliminated ignorance, and allowed national culture to blossom.

Above all, Hangeul is not only a scientific character created systematically according to the shape of the vocal organ, but also the character itself reflects the characteristics of sound. Therefore, the principle of making Hangeul is a scientific and very original phoneme that can make all sounds with 19 consonants and 14 vowels. It is a rare character that has both the advantages of alphabet characters and syllabic characters. Therefore, Hangeul has the advantage of not only being able to form numerous syllables by combining letters, but also making it easier to read by writing down words in syllable units.

Hangeul, which was created over 550 years ago by this scientific method, has originality unparalleled in any other country. That is why modern scientists and linguists highly value the scientific value of Hangeul. On the other hand, collections are designed using long lines such as vertical or horizontal lines, so they are highly appreciated in that they can be distinguished at a glance. This is because it is rarely seen in Roman alphabets or Japanese characters. And Hangeul is very easy to learn and master because it is a grammatically leading character with a certain sound.

Due to these characteristics of Hangeul, it has been recognized by international organizations, and UNESCO gives the 'King Sejong the Great Award for Eradicating Literacy' every year to those who have made great contributions to eradicating illiteracy around the world. The reason why King Sejong was included in the name of this award is because the world recognized that Hangeul is the easiest character to learn. Above all, thanks to Hangeul, Korea has the lowest illiteracy rate in the world.

Before Hangeul was invented, it was impossible to fully express the emotions and life of Koreans because they had to write in Chinese characters. However, thanks to the creation of Hangeul, which can express certain words or sounds freely, Korean culture celebrated a period of great prosperity, and creation and translation were actively carried out. Confucian scriptures were also translated.

In particular, in the late Joseon Dynasty, as the demand for books increased, privately published for-profit publications became popular, and these novels were written in Korean, contributing greatly to the expansion of the reading population. In particular, novels such as Chunhyangjeon, Romance of the Three Kingdoms, and Chohanji were popular.

Above all, the original and scientific structure of Hangeul has been changed to a fast and easy Hangeul program in accordance with the principle of computer, a product of modern high-tech science, in the present information society.

These days, more and more people from all over the world want to learn Korean, and some come to Korea to study by including Korean in their curriculum. Therefore, since Hangeul is a character that can be easily learned by people of any country, we plan to inform people around the world of the greatness of Hangeul through YouTube or books centering on the theory system of Constitutive Statements. Therefore, I plan to continue to unfold the direction of each individual's destiny and business that is expressed in the name that only Hangeul can accomplish. Therefore, we will do our best to take the lead in publicity so that Hangeul Composition Statements can be newly imprinted on the world as a new cultural heritage.

운명을 좌우하는 보이지 않는 힘

　KBS 인간극장이라는 프로그램에서 갈라진 두 쌍둥이 자매의 운명에 대해 방송된 적이 있었다. 그 부모는 쌍둥이를 낳고 경제적 어려움으로 인하여 큰애는 미국으로 입양 보내고 작은애는 부모가 키웠다. 그리고 30여년이 지난 후 두 사람의 모습을 취재하여 방송한 프로그램이었다.

　30여년이 지난 후 두 자매의 모습은 어떠했을까? 언니는 미국 유수의 대학에 교수로 재직하고 있었고, 동생은 신 내림을 받아 무속인으로 살고 있었다.

　여기서 생기는 궁금점. 쌍둥이라 함은 사주와 관상학적으로도 같은 모습인데도 불구하고 다른 형태의 삶을 살고 있는 이유는 무엇일까? 우리가 알고 있지 못하는 어떤 힘이 이 둘의 삶을 달라지게 한 것은 아닐까라는 의문이 생긴다.

그 보이지 않는 힘에 대해 영국 BBC방송에서 실험 한 적이 있다.

영국에 한 공원에 같은 토양, 같은 햇빛인 조건을 만들고 한날한시에 12그루의 나무를 심었다. 12그루 나무가 자라 사람들이 쉴 수 있을 정도의 무성한 나무그늘이 만들어졌을 때 각 나무에 예수의 12제자 이름을 붙여놓았다. 그러자 공원을 찾는 사람들은 유다나무만 빼고 자리를 잡는 것이었다. 부득이 앉을 자리가 없을 땐, 마지못해 유다나무 밑에 앉았지만 그리 행복한 표정들은 아니었고 심지어 그 나무를 향해 한마디씩 하기도 했다. "이 나쁜 유다야 예수님을 팔아먹은 놈"이라고…심지어 꼬마들은 욕을 하기도 하였다. 그리고 몇 년이 흐르고 다시 찾은 공원에는 유다나무만 말라죽어 버렸다.

위 두 가지 사실이 나타내는 의미가 무엇인지 우리는 한번 심사숙고할 필요가 있다.

동일한 사주를 갖고 태어난 쌍둥이, 동일한 조건에 한날 한시에 심어진 나무들, 이치적이나 역학적 관점에서 본다면 같거나 최소한 비슷한 삶을 살아야 하겠지만 현실은 그렇지 않다.

왜?

도대체 왜 그런 것일까?

그 보이지 않는 힘은 무엇일까?

그게 바로 타인의 입을 통해 가장 많이 불리워지는 이름(파동에너지)의 영향 때문이다.

The invisible force that determines fate

On a program called KBS Human Theater, the fate of two twin sisters was broadcast. The parents gave birth to twins, and due to financial difficulties, the eldest child was adopted in the United States, and the youngest child was raised by her parents. And 30 years later, it was a program that covered the two of them and aired them.

What would the two sisters look like 30 years later? Her older sister was a professor at a leading American university, and her younger sister was a shaman under God's orders.

The question that arises here is, what is the reason

that twins are living in different types of life despite the same appearance in terms of saju and contemplation? The question arises as to whether some force that we are not aware of has changed their lives.

The invisible power has been tested on the BBC in the UK. In a park in England, the same soil and the same sunlight conditions were created, and 12 trees were planted at one time each day. When the 12 trees grew and the trees were thick enough for people to rest, the names of the 12 disciples of Jesus were affixed to each tree. Then the people who came to the park were to settle down except for the Judas tree. When there was no place to sit, he reluctantly sat under the tree of Judas, but he didn't look very happy, and he even spoke to the tree one by one. "You bastard Judas, the one who sold Jesus"… they even sweared at them. And after a few years, in the park I returned to, only the Judas tree withered and died.

We need to think carefully about what the above two facts mean. Twins born with the same four keys, trees planted at the same time on the same day under the same conditions. From a logical or dynamic point of view, we should live the same or at least similar lives, but this is not the case in reality.

why?

Why the hell is that?

What is that invisible force?

That is because of the influence of the name (wave energy) that is called the most through the mouth of others.

성서에 등장한 이름의 뜻을 살펴보면

　환경미화원인 아버지와 작은 고물상을 운영하는 어머니가 어느 날 아들이 입고 들어온 고급 브랜드의 청바지가 의심이 들었다. 어떻게 된 거냐고 다그쳐 묻는 부모님의 성화에 아들이 사실대로 털어 놓았다.
　"죄송해요. 버스 정류장서 손지갑을 훔쳤어요."
　아들의 말에 아버지는 그만 그 자리에 털썩 주저앉고 말았다.
　"내 아들이 남의 돈을 훔치다니……."
　잠시 뒤 정신을 가다듬은 아버지가,
　"환경이 어렵다고 잘못된 길로 빠지는 것을 그냥 둘 수는 없다"
　눈물을 흘리며 아들의 손을 꽉 잡고 경찰서로 데려가 자수를 시켰다. 여느 부모들은 돈을 써가며 아들의 범죄를 용인해 달라고 사정을 하는 반면에 도리어 자식의 범죄를 단단히 치르게 해달라고 일부러 데리고 온 아버지의 행동이 경찰은 의아했지만 조사를 시작했다.
　경찰 조사 과정에서 아들의 범죄사실이 하나 더 밝혀지게 되었고 그로인해 아들은 결국 법정에 서게 되었다. 그 사이, 아버지는 어려운 살림 때문에 아들이 남의 돈을 훔친 것도 마음 아팠지만 자신의 손으로 아들을 직접 범죄자로 만든 죄책감에 시달리다가 극도의 스트레스로 우울증에 걸려 극단적인 선택을 하고 말았다.

재판이 있는 날, 법정에서 어머니가 울먹이며 변론했다.

"세상을 떠난 남편의 유언이니 아들한테 엄한 벌을 내려 다시는 나쁜 짓을 하지 않도록 해 주세요"

그때 아들도 눈물을 흘리면서,

"아버지가 저 때문에 돌아가셨습니다."

그러니까 어떠한 엄중한 처벌도 달게 받겠다는 거였다. 이를 지켜보던 사람들이 모두 숙연해졌고 그때 판사는 '불기소 처분'의 판결을 내렸다. 당연히 형이 집행될 줄 알았는데 뜻밖의 판결이 내려지자 거기 모인 대부분의 사람들이 어리둥절해 서로 쳐다보고 있었다. 그때 판사가 그 이유를 간단하게 밝혔다.

"우리는 이처럼 훌륭한 아버지의 아들을 믿기 때문입니다."

이러한 판결을 내릴 수 있었던 것은 그 어떤 사람보다 아버지의 자식 사랑하는 마음을 판사가 읽었기 때문에 그의 마음을 움직여 그가 지혜로운 판결을 내릴 수 있도록 한 거였다.

이와 같이 아버지의 자식 사랑은 스스로 목숨을 끊어서라도 자식을 지키고 보호하려는 마음인 거다. 그게 구속이고 죄 사함이며 믿음이다. 아버지는 아들을 믿고 그러한 자기를 믿어주는 아버지를 아들이 신뢰하며 믿는 게 그리스도인의 삶의 방식이다. 그럼에도 불구하고 오늘 날의 교회는 하나님의 사랑과 은혜를 너무 모르고 있다. 그러기 때문에 하나님은 우리의 죄가 무엇인지, 그리고 그러한 죄에서 너희가 어떻게 구원을 받았는지를 깨닫게 하기 위해서 우리의 연약함과 우리의 죄악성을 계속 폭로시키고 있다.

그래야 은혜가 무엇인지를 깨달을 수 있기에 하나님 아버지께서는 그 기대와 바람대로 세상을 이끌어 가라고 이름 속에 당신의 계획을 담아 넣으신 거다. 그러므로 고대 사람들의 이름은 그 사람의 성품을 나타내기도 하고, 그 사람의 정체성은 물론 그의 인생 전체를 총망라한 요약이기도 하다. 그래서 성경에 등장한 인물들의 이름에는 하나같이 하나님의 뜻과 계획이 담겨져 있다.

사무엘 어머니의 이름이 한나인데 그 뜻은 '풍성한 은혜'다. 한나는 아들 사무엘을 하나님께 바치므로 이름대로 하나님의 은혜의 풍성함을 충만하게 느끼며 살았다. 그러기 때문에 모든 성경의 주축이 되는 예수 그리스도의 이름 또한 하나님의 구속사를 교회에게 전적으로 알리기 위해 '예수'라 이름 지으셨다.

'예수'의 이름의 뜻은 '자기 백성을 죄에서 구원하신다.', '하나님은 구원해 주신다' 이다.

이와 같이 성서의 등장한 이름은, 하나님의 계획과 섭리가 이름의 뜻 가운데 이루어가고 있음을 교회가 알 수 있도록 그 이름에 맞는 이름을 지어 선포하셨다. 그러므로 전부 이름 속에 내제된 그 파동(칭하다)의 기운 따라 성경 속의 인물들은 그렇게 살다가 갔다.

따라서 노아의 이름의 뜻을 살펴보면 '안식'인데 그 이름 속에는 '위로, 안위, 휴식' 이란 뜻이 담겨 있다. 이는 노아의 후손들로 인하여 세상이 위로를 받게 된다는 뜻이다. 그게 바로 예수 그리스도를 통하여 안위 받는 거다.

사탄(뱀)이 휘두르는 사망의 권세 때문에 무거운 짐을 지고 이 땅에서 노예로 살 수밖에 없었던 아담들에게 예수 그리스도의 십자가야말로 은혜의 사랑으로 주어지는 휴식(쉼)인 거다.

> 수고하고 무거운 짐 진 자들아 다 내게로 오라 내가 너희를 쉬게 하리라. 나는 마음이 온유하고 겸손하니 나의 멍에를 메고 내게 배우라 그러면 너희 마음이 쉼을 얻으리니(마11;28-29)

이와 같이 우리의 죄 짐을 주님께서 골고다 언덕에서 다 떠맡아 안으시므로 우리한테 쉼(휴식)이 공짜로 주어졌다. 최초의 사람 아담과 하와로 인해 시작된 불순종이 결국 죄(사단)로 인해 하나님과의 관계가 차단되므로 하나님의 영이 떠나 버림으로, 우리는 첫 번째 물 심판인 노아의 방주로 부터 시작하여 예수 그리스도의 은혜로 다시 살아나는 복음의 진정성을 노아(안식)란 이름 속에서 깨달아야 한다.

모세가 애굽에서 태어났을 당시는 애굽 왕 바로가 히브리 사람들의 번성을 막기 위해 히브리 여인들에게서 태어나는 히브리 사내아이들을 모두 죽이라는 명령을 내렸을 때다.

모세의 부모는 모세를 낳고 석 달을 숨겨서 키우다가 모세를 역청을 칠한 갈강자에 넣어 물위에 떠다니게 만들었다. 그 모세가 탔던 갈상자가 바로 '방주'다. 노아의 방주에 역청을 칠했고, 모세의 방주에도 역청을 칠했다. 그러니까 모세는 노아처럼 '방주'를 타고 죽음의 물에서 건져진 자다. 노아의 방주와 모세의 갈상자는 모두 다 죽어야 할 자들 중에서 어떤 선택된 소수의 무리를 방주(예수)가 품어 안고 그들을 살려낸 거다.

아울러 노아의 '안식'이란 이름의 뜻에서나 모세의 '건져 짐'의 이름에서나 예수의 '세상을 구원하실 자'의 이름에서 예표하듯, 모든 성경 속의 이름에는 하나님의 계획과 의도가 숨어 있다는 사실이다. 그러기 때문에 이사야 선지자도 이렇게 하나님의 뜻을 밝히고 있다.

무릇 내 이름으로 일컫는 자 곧 내가 내 영광을 위하여 창조한자를 오게 하라 그들을 내가 지었고 만들었느니라(사43:7)

If you look at the meaning of the names in the Bible

A father who is a sanitation worker and a mother who runs a small junk shop were suspicious of the high-end brand jeans their son was wearing. The son confessed the truth to the torch of his parents who asked what had happened.

"I'm sorry. I stole my wallet at the bus stop."

At the words of the son, the father sat down on the spot.

"My son stealing other people's money..."

After a while, my father, who came to his senses,

"We cannot just let ourselves fall into the wrong path because the environment is difficult"

With tears in his eyes, he grabbed his son's hand and took him to the police station to embroider him. While other parents spent money begging for their son's crime to be tolerated, the police were suspicious of the father's behavior of intentionally bringing his son to the crime, but the police began an investigation.

In the course of the police investigation, one more crime of the son was revealed, and as a result, the son eventually stood in court. In the meantime, the father was heartbroken that his son stole other people's money because of his difficult housekeeping, but he suffered from the guilt of making his son a criminal with his own hands, and he fell into depression due to extreme stress and made an extreme choice.

On the day of the trial, the mother cried and argued in court.

She said, "This is the will of my deceased husband, so please give your son a severe punishment so that he will never do anything bad again."

At that time, the son also shed tears.

"My father died because of me."

So, I was willing to accept any severe punishment. Everyone who watched this became solemn, and at that time the judge gave a verdict of 'non-prosecution'. Naturally, I expected the sentence to be executed, but when the unexpected verdict was handed down, most of the people there were staring at each other in bewilderment. The judge then briefly explained the reason.

"Because we believe in such a good son of a father."

The reason why he was able to make such a ruling was because the judge read the father's love for his children more than anyone else, so he moved his heart so that he could make a wise decision.

In this way, a father's love for his children is the heart to protect and protect his children even if he takes his own life. That is redemption, forgiveness of sins, and faith. The Christian way of life is for the father to believe in the son and for the son to trust and believe in the father who believes in him. Nevertheless, today's church is too ignorant of God's love and grace. That is why God continues to expose our weakness and our sinfulness in order to make you realize what our sins are and how you are saved from those sins.

Only then can we realize what grace is, so Heavenly Father put His plan in the name to lead the world according to that expectation and desire. Therefore, the names of people in ancient times represent the character of the person, and are also a summary of the person's identity as well as his or her entire life. So, the names of the characters in the Bible all contain God's will and plan.

Samuel's mother's name is Hannah, which means "abundant grace." Since Hannah dedicated her son Samuel to God, she felt the fullness of God's grace as the name suggests. Therefore, the name of Jesus Christ, the main axis of all the Bible, was also named 'Jesus' to fully inform the church of God's redemptive history. did

The meaning of the name 'Jesus' is 'save his people from their sins' and 'God saves'.

In this way, the name that appeared in the Bible was proclaimed with a name that fits the name so that the church can know that God's plan and providence are being fulfilled in the meaning of the name. Therefore, the characters in the Bible lived and passed like that, following the energy of the wave (called) inherent in all names.

Therefore, if you look at the meaning of Noah's name, it is 'rest', and the name contains the meaning of 'comfort, comfort, rest'. This means that the world will be comforted because of Noah's descendants. That is what it means to be comforted through Jesus Christ.

For Adam, who was forced to live as a slave on this earth, bearing heavy burdens due to the power of death wielded by Satan (the serpent), the cross of Jesus Christ is the rest (rest) given out of the love of grace.

> Come to me all who labor and are heavy laden, and I will give you rest. Take my yoke upon you and learn from me, for I am gentle and lowly in heart, and you will find rest for your souls (Matthew 11:28-29)

In this way, since the Lord took upon us all the burden of our sins on the hill of Golgotha, we were given rest (rest) free of charge. The disobedience that started with Adam and Eve, the first man, eventually blocked the relationship with God due to sin (Satan), and the Spirit of God left. We must realize the authenticity of the gospel of resurrection through the name of Noah (rest).

When Moses was born in Egypt, Pharaoh, the king of Egypt, ordered all Hebrew male children born to Hebrew women to be killed in order to prevent the Hebrew people from prospering.

Moses' parents gave birth to her son and raised her in hiding for three months, then put her Moses in her bitumen-painted river and made her float on her waters. The basket that Moses rode on was the 'ark'. Noah's ark was painted with pitch, and Moses' ark was also painted with pitch. So Moses, like Noah, was the one who was rescued from the waters of death on the 'ark'. Both Noah's ark and Moses' gong box were the ark (Jesus) embracing a select few among those who were supposed to die and bringing them back to life.

In addition, it is true that God's plans and intentions are hidden in all names in the Bible, as foreshadowed in Noah's name 'rest', Moses' name 'delivered', and Jesus' name 'the one who will save the world'. That is why the prophet Isaiah also reveals the will of God in this way.

> Let all who are called by my name come, whom I created for my glory, whom I formed and made (Isaiah 43:7).

세계적인 성악가가 될 수밖에 없는 이름

62년생
41 37 13
조   수   미
63 59 35

 사주가 몸체라면 이름은 형체(옷)다. 따라서 사주는 바꿀 수 없지만 그 사주(몸)에 어떤 옷을 입히느냐에 따라 운명이 달라진다. 즉 재물이 없는 사주에 재물의 배합을 이름에 풍족하게 넣어주면 불러주는 파동의 에너지에 의해 성공이 보장되고, 또한 사주에 배우자 덕이 없을 경우 이름에 배우자 덕이 있는 완벽한 이름으로 바꾸어 주면 부부가 이혼 위기에 있다가도 다시 화합하게 된다. 아울러 타고난 재능이 있는데다 이름에서 그 재능을 살려주는 길성의 배합이 있으면 그 사람은 어깨에 날개를 달아준 격이라 성공할 수밖에 없다.
 이와 같이 구성성명학의 원리로 세계적인 성악가 소프라노 조수미의 이름을 분석해 보면 재능의 수리라 할 수 있는 3.4가 이름 전체에 거의 대부분 포진되어 있다.

'조'씨 성 천간의 1.4는 승재관의 수리로 재물을 이어주고 있는데다, 6.3 또한 재능으로 인해 재물을 취득할 수 있는 강한 기운을 갖고 있다. 그런데다 이름의 첫 자 '수'가 3의 수리로 연결되어 있고 이름 끝 자 '미'가 또 다시 승재관으로 자리 잡고 있다. 후천운 역시도 성에서의 6.3이 다시 또 5를 생해주고 이름 끝 자에서 3.5가 계속해 재물로 연결되어 있다. 이와 같이 재능을 나타내는 3.4가 재물을 나타내는 5.6으로 반복해 상생으로 연결되어 있어 그야말로 세계적인 성악가로 이름을 날릴 수밖에 없다.

다만 이 이름에서의 문제점을 지적한다면 성격을 나타내는 중심수 3이 남편을 나타내는 7을 파괴하므로 남편과의 인연은 박하다. 대개의 경우 3.7의 수리가 있는 여성들이 일찍 결혼하면 일찍감치 이별수를 겪게 되는 특징들이 있다. 그러므로 관성(남편)을 극하는 3.7의 수리가 있는 여성은 가능한 결혼을 늦게 하거나 차라리 결혼을 안하는 것이 좋다. 또는 조수미처럼 외국인과 결혼하면 이러한 흉한 배합을 피해 갈 수 있다.

소리를 지르거나 무언가를 불렀을 때의 소리는 음향 기기처럼 멀리 파장을 일으키게 된다. 이것을 파동 또는 소리에너지라 한다. 그렇지만 그 소리는 잠깐 사이에 사라져 버리지만 그 속에 숨겨진 뜻과 내용은 오래도록 기억 속에 남는다. 즉 소리를 지를 때의 파장은 공기 중에 잠시 시끄럽다 사라지나 그 안에 남아 있는 뜻은 죽을 때까지 마음속에 남아 있다는 뜻이다. 이렇게 볼 때, 이름 역시도 파동의 길흉에 따라 운이 열리기도 하고 막히기도 한다.

그래서 이름을 지을 때 반드시 알아야 할 것은, 이러한 파동의 원리를 이용한 소리에너지의 방식을 염두해 두고 지어야 한다. 특히 그 파동의 에너지가 어디에 근간을 두고 운명에 영향을 미치는가에 대한 근거만은 정확하게 알고 있어야 한다. 구성성명학에 따른 원론은 '성공하는 이름. 흥하는 상호' 책자에 일목요연하게 잘 정리되어 있으니 누구든 참고하면 된다.

　모든 물체와 사물에는 그 나름의 진동의 맥박수가 있다. 예를 들어 종을 크게 두드리거나 음향기기를 크게 높이면 멀리 산속까지 깊이 울려 퍼져 나간다. 이때 겉으로 울려 퍼지는 소리는 그 파장이 멀리 나가면 나갈수록 그 소리의 파장 역시도 더욱 깊게 울려 퍼지므로 그 속에 잠재된 소리의 에너지 또한 인간의 뇌리에 오래도록 간직하게 된다.

　이러한 원리에 의해 이름에서 발생하는 소리의 파장 역시도 결국은 이름을 부를 때, 그 부르는 소리의 길흉에 따라 당사자의 운명에 직접적인 영향을 미치게 된다. 이를 좀 더 쉽게 이해시키자면 꽹과리를 억세게 두드리거나 또는 아주 약하게 두드릴 때, 그 속에 음악의 장단이 들어있지 않으면 시끄러워 귀를 틀어막게 되거나 또한 들었더라도 아무런 감흥이 없어 마음속에 새겨두지 않는다. 알고 보면 타인과의 대화도 이와 마찬가지이고, 이름 역시도 이와 같기 때문에 이름을 가볍게 여겨서도 함부로 무시해서도 안 된다.

A name that has no choice but to become a world class singer

62 years old
41 37 13
Jo Su mi
63 59 35

If the saju is the body, the name is the shape (clothes). Therefore, the saju cannot be changed, but the destiny changes depending on what kind of clothes you wear on the saju (body). In other words, if a rich combination of wealth is put into the name of a fortune-teller, success is guaranteed by the energy of the wave that is called, and if the name is changed to a perfect name with spouse virtue in the name, the couple is on the verge of divorce. Even if you stay, you will come together again. In addition, if there is a natural talent and there is a combination of auspiciousness that makes use of that talent in the name, that person has no choice but to succeed because it is like putting wings on the shoulder.

In this way, when analyzing the name of world-renowned soprano Jo Su-mi based on the principle of constructive naming, 3.4, which can be said to be the number of talent, is almost all of her name.

1.4 of the surname of 'Cho' surname Cheongan connects wealth by repairing, and 6.3 also has a strong energy to acquire wealth through talent. In addition, the first letter of the name, 'Su', is connected by the number of 3, and the last letter of the name, 'Mi', is again established as Seungjae-gwan. In Hucheonun, too, 6.3 in the surname gives another 5, and 3.5 at the end of the name continues to be connected to wealth. In this way, 3.4, which represents talent, is repeatedly connected to 5.6, which represents wealth, in a mutually beneficial way.

However, to point out the problem with this name, her relationship with her husband is weak because the central number 3, which represents her personality, destroys the 7, which represents her husband. In most cases, when women with a repair of 3.7 get married early, they are characterized by early separation. Therefore, a woman with a number of 3.7 that overcomes inertia (husband) should marry as late as possible or rather not marry. Or if you marry a foreigner like Sumi Jo, you can avoid this ugly combination.

The sound of shouting or calling something causes a distant wave like a sound device. This is called wave or sound energy. However, the sound disappears in a moment, but the hidden meaning and content remain in the memory for a long time. In other words, the waves when we shout are noisy for a while in the air and then disappear, but the meaning that remains in it means that it remains in our mind until we die. In this way, the name also opens or closes the luck depending on the fortune of the wave.

So, what you need to know when naming a name is to keep in mind the method of sound energy using the principle of these waves. In particular, you must know exactly the basis of where the energy of the wave is based and affects your destiny. The principle according to constructive statement theory is 'a name that succeeds. It is well organized at a glance in the booklet of 'Healing Mutual', so anyone can refer to it.

Every object and thing has its own pulse rate of vibration. For example, if you knock a bell loudly or raise a sound device, the sound will resonate deep into the mountains. At this time, the sound that resonates outwardly resonates more deeply as the wavelength goes farther away, so the energy of the sound latent in it is also kept in the human mind for a long time.

According to this principle, the wavelength of the sound generated from the name also directly affects the fate of the person concerned according to the fate of the sound when the name is called. To make this easier to understand, when a gong is struck hard or very weakly, if there is no musical rhythm in it, it is noisy and the ears are closed, or even if you hear it, you do not have any inspiration and do not engrave it in your mind. If you get to know it, conversations with others are the same, and names are the same, so you shouldn't ignore names lightly.

자살로 생을 마친 최진실

1968년생
079 093 994
최 진 실
291 215 116

아주 오래전 최진실 주연의 '장밋빛 인생'이란 드라마를 재밌게 본 적이 있다. 결혼 십년 차 주부로 가족을 위해 희생하다 이혼과 암이라는 불행을 겪게 되는 억척주부 맹순이 역할이다. 그녀는 이 한편의 드라마로 40%를 전후한 시청률을 기록하면서 많은 사랑을 받았다. 이 작품으로 2006년도 백상예술대상 최우수 여자 연기상까지 수상하는 행운을 거머쥐었다.

최진실하면 지금도 기억나는 것은 30여년 전, 모 전자제품 '여자는 남자하기 나름이에요'란 카피의 깜찍하고 귀여운 이미지가 먼저 떠오른다. 그랬던 그녀가 이혼의 아픔을 겪으면서 어느덧 두 아이의 엄마로 성숙된 사십대 중년 여성이 되었고, 4년 연하의 미남 야구선수 조성민과의 결혼발표로 한동안 매스컴을 떠들썩하게 했다. 결혼식 장면을 생중계로 할 정도로 요란스러웠던 것하고는 달리 그녀의 결혼 생활은 늘 뉴스의 초점이 되었다. 생중계로 인한 결혼식 장면의 여운이 채 가시기도 전에 이혼이라는 충격을 안겨 주었다.

그녀는 '내가 여자로서 잘한 것은 두 아이의 엄마라는 것이고, 연기자로서 가장 잘한 일은 장밋빛 인생에 출연한 일'이라며 수상 소감을 밝혔던 것이 엊그제 같은데, 자살로 엄청난 충격을 주었던 그 시간도 벌써 십여 년의 세월이 흘렀다. 그래선지 사람들의 기억 속에 서서히 멀어져 가고 있다는 느낌이다.

필자 또한 2012년에 출간한 '이름이 성공을 좌우한다.' 책에 그러한 그녀의 인생여정을 최진실이란 이름을 통해 자세히 풀었고, 'TV특강'에도 자살한 사람들의 이름을 분석하면서 최진실의 이름을 한 번 더 다루었던 적이 있다.

그녀의 이름을 분석해 보면 이름 전체에 9.0의 수리가 유독 많은 것을 볼 수 있다. 9.0의 특성은 학문의 별로서 이론 논리에 능하고 따지기를 좋아하며 사물에 대한 비판과 판단을 즐겨하는 특징이 있다. 아울러 3.4의 수리는 지혜와 재능을 나타내므로 총명하고 자비심이 있으며 예술적 취향이 많아 스스로 고독을 즐기는 편이나 간혹 이해타산으로 비난의 대상이 되기도 한다.

무엇보다 그녀의 이름에 중첩되어 있는 9.0이 반복적으로 나타나 있는 것이 불길하다. 9.0은 남편의 수리인 7.8의 기운을 설기시킬 뿐 아니라 생각과 사고를 나타내는 3.4의 기운을 파괴시킨다. 그러므로 안타까운 것은 남편을 나타내는 7이 '최'에서 미약하게 있는데, 이름 전체에 7.8의 수리가 없는 것이 흠이다. 또한 9.0은 서모의 상으로 편모슬하에서 어려웠던 가정환경을 대변해 주고 있다. 대부분 이름 전체가 상극으로만 배합되어 있어 불길한 가운데, 특히 중첩된 9.0이 식신 3을 극제하는 것이 여자의 이름에서 가장 흉한 배합으로 작용한다. 이런 불길한 이름 탓에 결혼생활의 파탄은 물론, 최고의 스타가 되었음에도 구설과 외로움에 시달렸다고 본다.

후천운 또한 '진'의 중첩된 1.2가 재물 5.6를 위아래서 극하고, '실'에서 또 다시 반복하여 심하게 극하다 보니 결국 이름에서의 그 흉함을 견디지 못하고 많은 재산과 눈에 넣어도 아프지 않을 귀여운 자녀들을 뒤로하고 생을 마감했다.

만약 이런 이름의 주인공이 이름 그대로 가난하고 빈곤하게 살았다면 아무런 문제가 없었을 것이나, 흉한 배합으로만 이루어진 이름을 가진 탓에 스타로서 명성과 부를 얻게 되자 이렇듯 생을 마감한 것으로 대신했다고 본다.

무엇보다 이름에서 불리워지는 파동(소리)의 기운은 어떤 경로를 통해서든 어김없이 찾아오게 된다는 것을 그녀의 이름을 통해 여실히 깨달았다. 그렇잖아도 선. 후천이 전부 흉한 배합으로만 이루어진 최진실의 이름이 늘 의구심으로 남았었다.

그러다보니 사주팔자가 종재격으로 이루어져 재물이 많은 사주기에 '하기사 타고난 팔자가 어찌 이름에 비하랴!'하고 나름대로 애써 이유를 찾으려 했다. 그러면서도 대부분 사주와 이름이 일치하는 경우가 다반사라 자식으로 인한 애로나 재물의 풍파를 겪게 되는 흉운의 이름과 사주가 일치 하지 않아 의아해 했다. 그러나 어찌 알았을까! 이렇듯 흉칙한 이름의 배합으로 인해 스스로의 목숨을 끊게 된 원인이 되었으니……. 그야말로 매우 안타까운 심정이다.

어린 자식을 남겨두고 오죽했으면 세상을 등졌을까 하는 마음에 앞서, 이렇듯 이름에서 불리워지는 불길한 기운이 사람의 마음까지 자유자재로 움직이게 하는 것을 보고 다시 한 번 이름의 위력을 새삼 깨닫게 되었다.

우리는 경계를 구분하여 울타리 치는 일들을 흔히 한다. 그런 행위는 어찌 보면 안과 밖의 양분에 불과한 것임에도 경계를 치고 사는 것이 우리네 인생사다. 그렇기 때문에 지혜로운 사람은 안만 보거나 밖만 보지 않고, 전체 속에서 부분을, 또한 부분을 통해 전체를 바라본다. 그러나 우둔한 사람은 그렇지 못하다. 그러기 때문에 어떤 일이나 취미에 지나치게 빠져 있다는 생각이 들면, 일단 그것들로부터 떨어져 있는 것이 좋다. 멀리서 바라보면 좀 더 객관적인 판단을 내릴 수 있고 그래야만 다시 문제에 맞닥뜨렸을 때, 아무런 흔들림 없이 의연하게 대처해 나갈 수 있다.

무엇보다 이런 수리를 가진 사람은 난세에 약하지만 인생행로에서는 강자가 될 수 있다. 그럼에도 불구하고 모성 본능이 강한 사주에 비례해, 이름에서 사고와 자식을 나타내는 3.4의 수리를 심하게 극하는 흉한 이름의 배합 때문에 찰나의 순간에 극단적인 선택을 한 것이라 풀이 된다.

우리는 흔히 마음이 어지러울 때 시끄러운 속세에서 벗어나 한적한 곳에 혼자 있길 원한다. 그것은 마땅히 시끄러운 속세에서 발길을 끊어 내 마음으로 하여금 욕심나는 것을 보지 못하도록 하기 위함이다. 그러나 마음의 어지러움은 자신의 내면 안에서 발생하는 것이지 외부에 의해 일어나는 것은 아니다. 그러므로 항시 마음의 본체를 맑게 해야 한다.

Jinsil Choi, who died by suicide

Born in 1968
079 093 994
Choi Jin   sil
291 215 116

A long time ago, I enjoyed watching a drama titled 'Rosy Life' starring Jinsil Choi. Maeng Soon-i, a housewife who has been married for 10 years and sacrifices herself for her family, suffers the misfortune of divorce and cancer. She received a lot of love as she recorded an audience rating of around 40% with this one-sided drama. With this work, she was lucky to win the 2006 Baeksang Arts Awards for Best Female Acting.

When I think of Jinsil Choi, what I still remember is the cute and cute image of her electronic product 30 years ago that read, 'Women are up to men.' Then, as she went through the pain of her divorce, she became a middle-aged woman in her forties who had matured as a mother of two children, and she stirred up the media for a while with the announcement of her marriage to handsome baseball player Seong-min Cho, who was four years younger than her. Unlike her wedding scene, which was so noisy that it was broadcast live, her marriage was always the focus of the news. Even before the afterglow of her wedding scene due to her live broadcast was gone, it gave her a shock of divorce.

It seems like just yesterday that she revealed her feelings about the award, saying, "What I did well as a woman was being a mother of two children, and the best thing I did as an actress was appearing in a rosy life." of flowed Maybe that's why it feels like it's slowly fading away from people's memories.

The author also explained her life journey in detail through the name Jin-sil Choi in the book 'Name determines success' published in 2012. I've dealt with it more than once.

If you analyze her name, you can see that there are a lot of repairs of 9.0 throughout her name. The characteristic of 9.0 is that it is a star of learning, is good at theory and logic, likes to argue, and enjoys criticizing and judging things. In addition, since the repair of 3.4 represents wisdom and talent, it is intelligent, benevolent, and has a lot of artistic taste, so it enjoys solitude by itself, but it is sometimes criticized for calculating its interests.

Above all, it is ominous that the 9.0 overlapping her

name repeatedly appears. 9.0 destroys the aura of 7.8, her husband's repair, as well as the aura of 3.4, which represents thoughts and thoughts. Therefore, the unfortunate thing is that the number 7 representing the husband is weak in 'Choi', but the flaw is that there is no number of 7.8 throughout the name. Also, 9.0 represents the difficult family environment with a single mother as the image of a mother. Most of the names are combined only in contradiction, which is ominous. In particular, the overlapping 9.0 suppresses the food spirit 3, which acts as the most unsightly combination for a woman's name. Because of this ominous name, it is believed that her marriage broke up and she suffered from gossip and loneliness even though she became the greatest star.

Hucheon-un, also, the overlapping 1.2 of 'Jin' exaggerates wealth 5.6 from top to bottom, and repeats it again and again in 'Seal', so in the end, he can't stand the ugly name and leaves behind a lot of wealth and cute children who won't hurt even if he puts it in his eyes. and ended his life.

If the main character with this name had lived in poverty and poverty as the name suggests, there would have been no problem, but when he gained fame and wealth as a star because of having a name made up of only ugly combinations, he replaced it with something that ended his life like this.

Above all, through her name, I realized clearly that the energy of wave (sound) called by her name will come through any path without fail. Even so, good. Choi Jinsil's name, which was all made up of ugly combinations, always remained in doubt.

As a result, she tried to find the reason in her own way, saying, 'How can a person born with a fortune teller compares to his name!' However, in most cases, the name of the fortune teller and the name of the fortune teller are the same, so I was puzzled that the name of the misfortune and the name of the fortune teller do not match. But how could I know! Like this, the combination of her hideous name became the cause of her suicide... It is truly a very sad feeling.

Before I wondered if I would have turned my back on the world if I had left a child behind, I once again realized the power of a name when I saw that the ominous energy of being called by a name like this moves people's hearts freely.

We often do fences by separating boundaries. Even though such an act is, in a way, nothing more than nourishment inside and outside, it is our life history to live with boundaries. That is why the wise man does not look only inward or outwardly, but sees the part in the whole and the whole through the part. But stupid people don't. That's why, if you feel that you're overindulging in a job or hobby, it's best to distance yourself from them. If you look at it from a distance, you can make a more objective judgment, and only then, when you encounter a problem again, you can deal with it without any wavering.

Above all, a person with this kind of repair is weak

in difficult times, but can become strong in the course of life. Nevertheless, in proportion to Saju, who has a strong maternal instinct, it can be interpreted that she made an extreme choice in a split second because of the ugly combination of names that severely suppressed the repair of 3.4, which represents accidents and children in the name.

We often want to be alone in a secluded place away from the noisy world when our minds are disturbed. It is to cut off my footsteps from the noisy world and prevent my heart from seeing what it is greedy for. However, the dizziness of the mind arises from within one's inner world, not from the outside. Therefore, the main body of the mind must always be clear.

정몽헌 회장이 왜 자살했을까?

1948년생
011 771 213
정   몽   헌
366 226 568

정몽헌 회장하면 먼저, 우리가 생각하기에 남부러울 것 없는 재벌 총수인데 무슨 연유로 자살까지 하게 되었을까 하는 의구심으로 충격을 주었던 기억이 지금도 떠오른다. 안타깝게도 그는 자살로 생을 마감했지만 항간에는 타살이라는 의혹도 끊이지 않고 나돌았던 적이 있다.

이러한 정회장의 이름을 분석해 보면 이름 첫 자의 '몽'에서 중첩된 7.7의 특성을 엿볼 수 있는데, 이는 비판 능력이 남보다 앞서다 보니 공격적인 지배욕이 강해 늘 난제에 대한 타계 책을 모색하려 든다. 또한 '정몽헌'이란 이름에 자기를 나타내는 1.2의 수리가 7.8에 의해 극제를 당하므로 자신의 감정을 절제할 줄 알지만, 본인과 대치되는 사람에게는 매우 엄격하고 상대방의 잘못이나 속임수 같은 것은 눈곱만큼도 허용하지 않는 성향이 있다. 무엇보다 대의명분을 갖고 매사를 대처하려는 능력이 뛰어나다 보니 상대방에게 마음껏 자유를 주는 것 같지만, 본인이 추구하는 성향과 다를 경우에는 가차 없이 처벌하는 기질이 있다. 반면에 공이 있는 사람한테는 눈 하나 깜빡하지 않고 지나치다 할 정도로 과분한 상을 내리기도 한다. 또한 이러한 성향의 성품은 완강하고 성급하며 의협심과 투쟁심이 강해 부당한 억압에 특히 반발하는 특성이 있다.

대개의 경우 7,8의 강한 기운이 5,6을 만나면 성공을 거두지만 그렇지 못할 때는 타인에게 배신을 당하거나 세상 속에서의 위험이 항시 노출된다.

따라서 성의 중첩된 1,1을 이름 첫 자 7,7,1한테 극제를 당하면 흉이 길로 바뀌어 도리어 좋다. 이는 재물을 극하는 1,2를 7,8이 억제시켜 주므로 재물 5,6이 살아나는 묘미가 있기 때문이다. 따라서 이러한 수리배합은 통솔의 위엄이 있고 재물의 성공을 거두며 공명이 세상에 널리 알려지는 귀중한 배합이 된다. 그렇더라도 중심 운의 7,7이 중복되어 있는데다 7,1의 상극이 연속으로 있다 보니 불행한 형제가 있음을 암시하고 있다. 이런 연유에서 교통사고로 세상을 떠난 형제가 있는 것도 우연의 일치보다는 이름에서 예고된 암시라고 볼 수 있다.

또한 이름 끝 자에서 나타나는 2,1,3에서 1,2는 5,6을 제외하고는 모두 다른 수리로 동화된다고 하나, 여기서는 1,2의 강한 특성이 3으로 생하면서 사물에 대한 집착이 강하게 작용한다. 그런데다 후천명운의 '정'의 중첩된 3,6,6을 '몽'의 2가 극제시켜 주는 것은 좋으나 중첩된 2,2가 재물 6을 극제하는 것은 매우 흉하다. 더욱이 이러한 6과 '헌'의 중첩된 5,6이 합세하여 세력을 이루므로 중과부적(강한세력의 힘에 밀림)이 된다. 따라서 이러한 이름의 배합은 특히 이름 끝자 2.1.3은 자신의 모든 에너지를 분출하지 못하면 신경과민으로 심리적인 중압감을 이기지 못해 찰나의 순간에 극단적인 선택을 하게 된다.

그런데다 중첩된 7.7.1의 기운이 나를 극하고 있는데 거기에 또 다시 2008년 계미(癸未)년에 7의 기운이 생년의 중심을 치고 들어오자, 그만 어려운 난제를 해결하지 못하고 생을 마감한 것으로 풀이된다.

사람들은 누구나 외부로부터 들어오는 공격에 스스로의 감정을 다스리지 못하면 결국 그 감정의 노예가 된다. 그것이 종내는 분노로 치닫게 되고 그 분노를 스스로 억제하지 못하면 조절 능력에 장애가 생긴다. 그러므로 우리 내면에 있는 선(善)과 악(惡)의 마음 중 어느 것을 택해서 내 마음의 주인으로 삼느냐가 중요하다. 그에 따라 선인(善仁)이 될 수도 있고 악인(惡人)이 될 수도 있다. 무엇보다 내 몸이 누군가의 힘을 빌려 가진 존재임을 깨닫게 된다면 부모나 형제 또는 나를 믿고 의지하는 가족들을 먼저 생각하게 된다. 그리되었을 때 함부로 자기를 버리지 못한다.

학식이 높은 재벌가의 총수지만 이름에서 발현되는 소리에너지의 강한 기운 때문에 극단적인 선택을 할 수밖에 없었던 당시의 상황을 그저 안타까운 마음으로 바라볼 뿐이다.

Why did Chairman Chung Mong-heon commit suicide?

born in 1948
011 771 213
Jung Mong heon
366 226 568

When it comes to Chairman Chung Mong-hun, the first thing we think of is the chaebol leader who is nothing to be envied of, but I still remember the shocking memory of wondering why he even committed suicide. Unfortunately, he ended his life by suicide, but there were times when suspicions that he was murdered continued to circulate.

Analyzing Chairman Chung's name, we can get a glimpse of the overlapping characteristics of 7.7 in the first letter of his name, 'Mong'. This is because his ability to criticize is ahead of others, and he has a strong desire to dominate, so he always tries to find a solution to a difficult problem. In addition, since the number 1.2 representing himself in the name 'Jeong Mong-hun' is suppressed by 7.8, he knows how to control his emotions, but he is very strict with the person who opposes him and tolerates the other person's mistakes or deceit. I have a tendency not to. Most of all, since he has an excellent ability to deal with everything with a cause, it seems to give the other person freedom to the fullest, but he has a temperament to punish mercilessly if it is different from the tendency he pursues. On the other hand, for those who have merit, they don't even blink an eye and give out excessive awards. In addition, the character of this tendency is stubborn, impatient, and has a strong chivalrous spirit and fighting spirit, so it is particularly resistant to unfair oppression.

In most cases, when the strong energy of 7.8 meets 5.6, success is achieved, but if not, you are betrayed by others or exposed to danger in the world.

Therefore, if the overlapping 1.1 of the last name is suppressed by the first letter of the first name 7.7.1, the evil turns into a road, and it is rather good. This is because 7.8 suppresses 1.2, which exalts wealth, so 5.6 wealth is revived. Therefore, this repair combination is a valuable combination that has the dignity of leadership, success in wealth, and resonance is widely known in the world. Even so, since the 7.7 of the central rhyme is overlapped and there is a continuous contradiction of 7 and 1, it implies that there are unfortunate brothers. For this reason, the existence of a brother who passed away in a car accident can be seen as a foretold hint from the name rather than a coincidence.

In addition, it is said that 2,1,3, which appears at the end of the name, 1,2 are all assimilated into other numbers except for 5,6, but here, the strong characteristics of 1 and 2 are created as 3, and the obsession with objects is strongly affected. do. However, it is good that the overlapping 3.6.6 of 'Jeong' of Hucheon Myung-Woon is suppressed by the 2 of 'Mong', but it is very undesirable for the overlapped 2.2 to suppress the wealth 6. Moreover, as these 6 and 5.6 overlapped with 'heon' join forces to form power, it becomes a heavy burden (pushed by the power of strong forces). Therefore, the combination of these names, especially the name ending in 2.1.3, makes an extreme choice at the moment of being unable to overcome the psychological pressure due to nervousness if all of one's energy is not released.

However, the overlapping energy of 7.7.1 overwhelms me, and when the energy of 7 hits the center of the year of birth in 2008, it seems that he died without solving a difficult problem. it solves

If people cannot control their emotions against external attacks, they eventually become slaves to those emotions. It eventually leads to anger, and if you can't control that anger on your own, your ability to control it will be impaired. Therefore, it is important to choose which of the good and evil hearts within us to be the master of our heart. Depending on it, you can be a good person or a bad person. More than anything else, if I realize that my body is a being possessed by borrowing someone's power, I think of my parents, siblings, or family members who trust and depend on me first. When that happens, you can't just throw yourself away.

Although he is the head of a well-educated chaebol family, he only looks at the situation at the time with a sad heart when he had no choice but to make an extreme choice because of the strong aura of sound energy expressed in his name.

결혼한 김연아가 걱정되는 이유는?

1990년생
719 385 37
김   연   아
486 032 04

김연아가 2022년 10월의 신부가 된다는 소식이 신문에 연일 보도되다보니 그녀의 결혼행보가 갑자기 궁금해졌다. 김연아의 이름 풀이는 2012년에 출간한 '이름이 성공을 좌우한다.' 책자에 소개한 바가 있지만, 그때 결혼을 늦게 할 줄 알았던 김연아가 막상 결혼 발표를 하자 걱정부터 먼저 앞선다. 그 이유가 십여 년 전, 책자에 풀이해 놓았듯이 성에서의 4.8과 '연아'의 3.8과 3.7이 결혼생활의 풍파를 말해주고 있어 가능한 늦게 하길 바라는 마음에서였다.

김연아의 이름처럼 여성의 이름에 성에서 4.8이 있는데 또 다시 이름에서 반복적으로 3.8과 3.7이 있게 되면 대부분 남편에게 불행이 닥치든가, 아니면 이별의 아픔을 겪게 된다.

그야말로 김연아는 십여년 전만 해도 세계 피겨 시니어 그랑프리에서 한국 최초로 금메달을 거머쥔 피겨스케이팅선수로 그 이름을 날리다보니 연일 김연아의 향보가 신문이나 방송에서 그녀의 소식을 전했다. 오죽하면 당시 IB스포츠 이사가 세계적인 선수로 김연아가 성장했음에도 그에 걸맞는 대우를 받지 못했다며 라이벌인 아사다 마오와 비교해 성장 잠재력과 상품가치가 무궁무진하다고 밝혔다. 그래서 마케팅 무대를 국내시장에만 머물지 않고 일본과 미국 시장을 노려 상품가치를 적극적으로 홍보할 것이라고 김연아의 가치를 대대적으로 발표했고, 그 덕에 IB스포츠와 새롭게 매니지먼트 계약을 한 김연아는 그야말로 국제적인 선수로 맹활약을 펼칠 수 있었다. 그로인해 최고의 몸값으로 C.F를 통해 천문학적인 수익을 창출해 낼 수 있었던 거다. 그동안 세계 선수권 챔피언 등극에 이어 벤쿠버 동계올림픽 금메달리스트의 피겨 여왕으로 자리매김하며 세계인의 극찬을 한 몸에 받았다. 따라서 IB스포츠가 모든 사업 영역에 걸쳐 김연아가 출전하는 국내외 대회의 홍보와 미디어 관련 업무, 경기력 향상 등 지원업무도 함께 맡아 연일 그 소식을 전했던 것이 바로 엊그제 같은데 벌써 십여 년의 세월이 흘렀다.

이러한 점을 미루어 그녀의 이름을 분석해 보면, '김'에서 나타내는 7.1.9는 재물을 손재하는 1의 특성을 7이 잘 억제해 주어 길한 기운의 작용으로 축적의 재물을 창출해 낸다. 또한 5.6이 7.8을 상생하고 9.0이 3.4를 마주하면 사회적 명성을 얻는데 일등공신이 된다.

중심운 3은 아무리 사소한 일에도 관심을 갖고 신경을 쓰며 흥미를 갖는 한편 무언가를 창조하려는 본능이 강해 항시 아이디어가 충만하다. 그러므로 주변에 관심의 대상이 된다.

이름 첫 자 '연'의 3.8은 명예를 관장하는 8을 3이 극제 하여 좋다고 할 수 없으나 다행히 성에서의 받침자 9가 이를 잘 제압해 주어 흉중의 길로 변했다. 그러나 여자의 이름에선 9.0이 자식을 나타내는 3.4를 상극하면 자식에 대한 애로가 있게 마련이다. 그렇지만 9.0이 3.4를 보면 이는 숨은 명예에 해당하므로 '연아'의 반복적인 0.3과 0.4가 피겨스케이트의 여왕으로 등극하는데 한 몫한 이름이 된 셈이다.

무엇보다 명예를 주관하는 7.8이 재물 5.6에 의해 생을 받으면 재물의 윤택함과 동시에 명성 또한 길하게 된다. 그렇더라도 '연아'의 이름에서 9.0이 3.4를 제압해 주면 사회적인 명성과 재물로 인해 향복을 영위할 수 있지만 앞서 잠깐 설명했듯이 성에서의 4.8과 '아'에서의 3.7의 배합은 한 남자의 아내로 평범하게 살기엔 부적합한 이름임을 알 수 있다.

중심 운 '연'의 식신 3은 지혜가 있고 총명하며 예. 체능 분야에 두각을 나타내게 된다. 3.4의 특성은 자신의 기량을 내세우기를 즐겨하고 특기를 남에게 과시하길 좋아한다. 또한 의심이 많아 선 듯 나서기 보다는 관망하는 자세로 한발 물러나 있다가 어떤 일을 계획하게 되면 정상궤도에 올라설 때까지 최선을 다하는 성향이다. 자존심이 강해 체면에 손상되는 것을 극히 싫어하고 자신의 약점이 노출되는 것을 매우 꺼린다. 그리고 한번 의심했다 하면 그것을 풀기까지 꽤 오랜 시간이 걸린다.

뿐만 아니라 상하의 배합에 따라 전개되는 기운에 의해 9.0이 3.4를 반복적으로 만나게 되면 사고의 판단이 흐려져 남에게 이용을 당하거나 인간 고락을 겪게 된다. 따라서 이런 배합의 여성들을 보면 생활력이 강하고 사회 활동에 적극적이며 직업전선에서 활동하다보니 남편의 성공보다 자신의 성공에 가치기준을 더 두게 되는 경우를 종종 보게 된다.

그나마 다행인 것은 〈연〉의 학문성인 9.0이 자식을 나타내는

3.4를 상극하는 것이 불길한데 재성 5.6이 9.0을 극제하므로 식록을 나타내는 3.4를 구제하여 흉중의 길로 전환되다보니 앞으로 지도자의 길로 가게 되지 않을까 예측해 보는 바다. 대개의 경우 명성이 자자한 여성의 이름에 9.0이 3.4를 반복적으로 보는 사람들을 보면 결혼보다는 교육사업이나 육영사업에 헌신하는 경우를 자주 본다. 그러므로 김연아의 이름 역시도 예외는 아니라고 판단해 차후 이를 지켜볼 요량이다.

Why are you worried about the married Yuna Kim?

born in 1990
 719 385 37
Kim Yeon Ah
 486 032 04

As the news that Yeon Ah Kim would become a bride in October 2022 was reported every day in the newspaper, I suddenly became curious about her marriage. The resolution of Yeon Ah Kim name was introduced in the book 'Name determines success' published in 2012, but at that time, Yuna Kim, who knew that her marriage would be delayed, put her worries first when she announced her marriage. The reason for this was, as explained in the booklet about ten years ago, that the 4.8 in sex and the 3.8 and 3.7 in 'Yeona' were telling the storms of married life, so I wanted to do it as late as possible.

Like Yeon Ah Kim name, a woman's name has 4.8 in

her last name, but if there are 3.8 and 3.7 in her name repeatedly, most of the time, misfortune befalls her husband or he suffers the pain of parting.

In fact, Yeon Ah Kim was the first Korean figure skater to win a gold medal at the World Figure Skating Senior Grand Prix more than ten years ago. In other words, IB Sports Director at the time said that despite Kim's growth as a world-class player, she was not treated accordingly, and compared to her rival, Mao Asada, her growth potential and product value were infinite. So, instead of confining her marketing stage to the domestic market, she announced the value of Yuna Kim that she would actively promote the value of her product by targeting the Japanese and American markets. He was able to perform well as an international player. Because of that, she was able to generate her astronomical profits through C.F. In the meantime, following her world championship champion, she established herself as the figure skating queen of the Vancouver Winter Olympics gold medalist, receiving rave reviews from people around the world. Therefore, it seems like just yesterday that IB Sports took charge of public relations, media-related work, and support work for Yeon Ah Kim domestic and international competitions in all business areas, and improved performance, and delivered the news every day, but more than ten years have already passed.

If we analyze her name in light of these points, 7.1.9, which is represented by 'kim', creates accumulated wealth through the action of auspicious energy, as 7 suppresses the characteristic of 1 that deals with wealth. In addition, when 5.6 coexists with 7.8 and 9.0 faces 3.4, it becomes a first-class contributor to gaining social prestige.

Joong-woon 3 is always full of ideas because he has a strong instinct to create something while being interested in and paying attention to even the smallest things. Therefore, she becomes an object of interest to those around her.

3.8 of the first letter of the name, 'Yeon', cannot be said to be good because 3 suppresses 8, which governs honor, but fortunately, the support character 9 in the family name suppresses it well and turns into a path of honor. However, in a woman's name, when 9.0 conflicts with 3.4, which represents a child, there is bound to be a grievance for the child. However, if you look at 9.0 and 3.4, it is a hidden honor, so Yuna's repeated 0.3 and 0.4 became the name that played a part in becoming the queen of figure skating.

Above all, when 7.8, which governs honor, is given life by wealth 5.6, wealth is enriched and reputation is also auspicious. Even so, if 9.0 in the name of 'Yuna' overcomes 3.4, she can enjoy happiness due to social fame and wealth. It can be seen that it is an inappropriate name for a normal life.

The 3 food souls of the central luck 'Yeon' are wise, intelligent, and yes. It stands out in the field of physical fitness. The characteristics of 3.4 like to show off their skills and show off their skills to others. Also, rather than stepping out as if standing up with a lot of doubts, they tend to take a step back in a wait-and-see attitude, and when they plan something, they do their best until they get on the right track. He has a strong ego and hates losing his face, and is very reluctant to expose his weaknesses. And once you have a doubt, it takes quite a long time to solve it.

In addition, when 9.0 repeatedly encounters 3.4 due to the energy developed according to the combination of the upper and lower parts, the judgment of thinking is clouded, resulting in being used by others or experiencing human suffering. Therefore, if you look at women with this combination, you often see cases where they put more value on their own success than on their husband's success because they have strong vitality, are active in social activities, and are active in the career front.

Fortunately, it is ominous that 〈Yeon〉's academic 9.0 contradicts 3.4, which indicates children, but Jaeseong 5.6 suppresses 9.0, so 3.4, which indicates Sikrok, is saved and converted to the path of breastfeeding. sea to see. In most cases, if you look at people who repeatedly see 9.0 or 3.4 in the name of a woman with a high reputation, you often see a case of devoting yourself to education or childcare rather than marriage. Therefore, the name of Yuna Kim is also not an exception, and it is a plan to keep an eye on it in the future.

방탄소년단이 해체되는 것도

2013년(BTS)
106 708 42 898 808   14 74 65 43
방 탄 소 년 단   비 티 에 스
639 231 75 141 131   67 27 90 78

 방탄소년단(RM · 진 · 슈가 · 제이홉 · 지민 · 뷔 · 정국)은 2013년 싱글 앨범 '2 COOL 4 SKOOL'로 데뷔하여 그 해 가장 주목받는 신인으로 부상하여 신인상을 받았다. 그리고 최근 얼마 전, 개별 활동을 중심으로 제 2막을 시작하겠다고 2022년 6월에 발표했다. 그동안 국내외 모든 상을 휩쓴 방탄소년단은 명실상부 한국을 대표하는 최정상 보이 그룹으로 그동안 성장했고, 전 세계적으로 방탄소년단 열풍을 일으키며 '21세기 팝 아이콘'으로 불리어왔다.
 따라서 이러한 BTS의 그룹명을 분석해 보면, '비(B)'의 1.4는 승재관(재물을 이어주는 길성)으로 탁월한 재능을 나타낼 뿐만 아니라 6.7의 수리 또한 이러한 명성(인기)이 재물의 축적으로

연결된 배합이다. 그러다보니 데뷔 초부터 지금까지 그들의 활동상을 보면, 미국 빌보드, 영국 오피셜 차트, 일본 오리콘을 비롯해 아이튠즈, 스포티파이, 애플뮤직 등 세계 유수의 차트 정상에 올랐고, 음반 판매량과 뮤직비디오 조회수, SNS 지수 등에서도 독보적인 기록을 써 내려갔다. 특히, 방탄소년단은 한 주에 빌보드 '핫 100' 차트와 '빌보드 200' 차트 정상을 동시 정복한 최초의 그룹이며, 통산 '빌보드 200' 5차례, '핫 100' 5차례 1위를 차지했다.

또한, '제63회 그래미 어워드'에서 한국 가수 최초로 단독 무대를 펼쳐 '빌보드 뮤직 어워드'와 '아메리칸 뮤직 어워드', '그래미 어워드'까지 미국 3대 음악 시상식 무대에서 공연하는 기록을 세웠다.

이러한 기록 갱신도 어떻게 보면 '방'의 지지 6.3.9에서 알 수 있듯이 3.9의 숨은 명성(인기)이 재물로 상생하여 주었기 때문이라 할 수 있다. 또한 '비티(BT)의 6.7.2.7의 수리가 엄청난 재물을 말해 주고 있다. 1.2는 재물을 극하는 흉이나 이를 7.8이 극제하여 주면 도리어 축적의 재물이 된다.

그래선지 방탄소년단은 스타디움 투어를 개최하며 전 세계 콘서트 시장에서도 글로벌 아티스트로서의 입지를 다져 왔으며, UN 연설과 LOVE MYSELF 캠페인 등을 통해 선한 영향력을 실천해 왔다. 그동안 이들의 활동상을 살펴보면 2014년 상남자가 인기를 끌어 첫 음악방송 1위 후보에도 올랐고, 처음 참여했던 LA KCON 무대에서도 환호를 받아 미국에서 좋은 반응을 얻는 단초가 되었다. 그리고 다음 해, '화양연화' 시리즈 활동으로 인기가 오르며 첫 음악방송 1위도 했으며, 2016년 정규앨범 2집 'WINGS'도 큰 인기를 끌어 첫 대상을 수상했다. 또한 2017년 'LOVE YOURSELF' 시리즈부터 빌보드 Hot 100에 진입했고 연이어 BBMA 'Top Social Artist'상 수상을 시작으로 국내외에서 수많은 기록들을 세우며 세계적으로 이름을 알려왔다.

그동안 K-POP이 잘 알려지지 않았던 아메리카, 유럽에서 많은 인기를 끌고 있을 뿐 아니라 2020년 9월에는 'Dynamite'로 한국 가수로서는 최초로 빌보드 핫100 1위를 달성했다. 또한 멜론 차트 역사상 최장기간 1위를 달성하고, K-POP 최초로 그래미 어워드에서 노미네이트 및 단독 무대에 섰고, 2020년 11월 'BE'와 'Life Goes On'으로 빌보드 메인 차트인 Hot 100(싱글)과 200(앨범) 1위를 동시에 석권했다. 이는 빌보드 62년 역사상 최초로 한국어 곡으로 빌보드 Hot 100에서 1위를 하는 유래가 없었다. 이와 같이 BTS는 국내는 물론 세계적으로 수많은 업적을 달성했다.

이러한 그들의 왕성한 활동은 '방'의 1.0.6과 6.3.9가 여실히 말해주고 있지만, '탄'에서도 7.0.8과 2.3.1의 수리가 이를 증명하듯 명성(인기)에의 길로 가는데 한 몫 거둔 것이다. 무엇보다 이들이 음악인으로서의 재능은 '소'의 4.2와 '년'의 1.4.1과 '단'의 1.3.1의 수리배합이 재능적인 소질로 이어지는데 큰 역할을 담당했다고 보여 진다. 아울러 '비'의 1.4와 6.7이 이를 동조하고 있는데 거기에 '비티'의 6.7.2.7의 수리가 어마어마한 재물을 축적하는데 일등공신으로 자리매김했다.

그래서 이들을 보고 흔히 말하는 '중소 기획사의 기적'의 대표 주자라고 수년전부터 언론에서 보도했다. 이는 해외를 염두에 두고 기획된 아이돌이 아님에도 불구하고 2017년부터 유튜브나 빌보드, 아이튠즈, UK 차트, 오리콘 등 해외 인기 관련 기록들에서 K-POP 최대의 아웃풋을 내고 있기 때문이다. 그래서 이들의 상품가치가 더욱 빛을 발하고 있다고 본다.

해외 언론들이 다루고 있는 기사들을 보면 대부분 2018년에

'건국 이래 최초로 대중문화계 한 부문 세계 1위에 오른 한국인'이라고 극찬했고, 2019년 10월 포브스에서 GDP 5.5조원 규모를 창출하는 방탄소년단의 경제효과에 대해 주목할 정도로 세계가 관심을 갖고 있다. 뿐만 아니라 미국, 영국을 포함한 서구권에서 먼저 '21세기 비틀즈'라는 찬사가 쏟아져 나왔다.

아울러 2020년에 미국 시사주간지 타임에서 '올해의 연예인'에 선정되었고 국내, 해외를 통틀어 K-POP 관련 기록 경신에 선두를 달리고 있다. 이 세대가 지나면 비틀즈처럼 클래식의 반열로 올라갈 것이라는 인생의 희망 아이콘으로 회자되기도 했다.

2021년, '해외 아티스트 최초'로 일본 오리콘 차트 세일즈 부문 토탈 랭킹에서 연간 1위를 차지했으며, '해외 그룹'으로는 최초이자 '해외 가수'로는 마이클 잭슨의 Thriller 이후 37년 만에 오리콘 앨범 판매량 연간 1위를 차지했다. 그러다보니 국제음반 산업 협회에서 '전 세계 음악 시장 매출 1위가 방탄소년단'이라는 글로벌 뮤직 보고서를 발표했을 정도다.

또한 'Dynamite'로 빌보드 핫 100 1위를 함으로써 대한민국에 가져다주는 경제 효과는 최소 1조 7천억 원이라고 밝혀짐과 동시에 여러 언론에서 방탄소년단을 이제는 걸어 다니는 중소기업이 아니라 대기업이라고 표현할 정도다. 따라서 2021년 기준 현대경제연구원 보고서에 따르면 BTS가 매년 한국에 50억 달러(약 5조 7천억원)의 경제적 이익을 가져다주고 있다고 밝혔고, NPR은 BTS가 한국 문화에 대한 학습과 기부 등에도 파급 효과를 이끌어내고 있다고 공식 발표했다.

이렇듯 왕성한 활동을 보이는 있는 BTS가 2022년 6월 팀 해체를 공식 발표하고 개인 활동을 중심으로 제2막을 시작하겠다고 선언했다. 그런데 그 이유 또한 '방탄소년단'의 중첩된 8.8.과 '비티에스'의 4.7.4와 중첩된 7.8에서 충분히 엿볼 수 있다. 7.8

은 명예(인기)를 주관하는 수리이나 8.8이나 7.8의 중첩된 배합은 4.7.4와 같이 이러한 7.8을 위, 아래에서 3.4가 서로 극하는 것도 좋지 못하다. 그래서 어떻게 보면 이들의 팀 해체도 두 개의 그룹명에서 알 수 있듯이 소리에서 발산되는 파동 에너지에 의해 그룹이 해체되는 것이 아닌가? 그렇게 추론하는 바다.

The disbandment of BTS

2013 (BTS)
106 708 42898 808   14 74 65 43
Bang tan Boys Dan   B T S
639 231 75141 131   67 27 90 78

BTS (RM · Jin · Suga · J-Home · Jimin · V · Jungkook) debuted in 2013 with the single album '2 COOL 4 SKOOL' and emerged as the most notable rookie that year and received the Rookie Award. And recently, it was announced in June 2022 that the second act would begin centering on individual activities. Over the past time, BTS, which has won all domestic and international awards, has grown into the top boy group representing Korea both in name and reality.

Therefore, if we analyze the group name of these BTS, 1.4 of 'B' is Seungjae-gwan (the auspicious character that connects wealth), which not only represents outstanding talent, but also 6.7 Susu is also a combination where this reputation (popularity) is linked to the accumulation of wealth. to be. As a result, looking at their activities from the beginning of their debut until now, they have reached the top of the world's leading charts such as the US Billboard, UK Official Chart, Japan Oricon, iTunes, Spotify, Apple Music, etc. He also wrote a unique record. In particular, BTS is the first group to simultaneously conquer the top of the Billboard 'Hot 100' and 'Billboard 200' charts in one week, and has topped the 'Billboard 200' 5 times and 'Hot 100' 5 times in total.

In addition, at the '63rd Grammy Awards', he became the first Korean singer to perform on a solo stage, setting a record of performing on the stage of the three major music awards ceremonies in the United States, including the 'Billboard Music Awards', 'American Music Awards' and 'Grammy Awards'.

In a way, this record-breaking can be said to be due to the fact that the hidden reputation (popularity) of 3.9 coexisted with wealth, as can be seen from the support of 'Bang' 6.3.9. Also, the repair of BT's 6.7.2.7 speaks of great wealth. 1.2 is an evil that exterminates wealth, but if 7.8 suppresses it, it becomes wealth of accumulation.

Yes, BTS has held stadium tours, solidified their position as global artists in the global concert market, and practiced good influence through UN speeches and LOVE MYSELF campaigns. Looking at their activities so far, Boy in Luv became popular in 2014 and was nominated for the first place on a music show, and they received cheers at the LA KCON stage they participated in for the first time, giving them a clue to getting a good response in the US. And the following year, his popularity rose through his activities in the 'When My Love Blooms' series, and he won his first music broadcast. In addition, he entered the Billboard Hot 100 from the 'LOVE YOURSELF' series in 2017, and started winning the BBMA 'Top Social Artist' award one after another, setting numerous records at home and abroad and making his name known worldwide.

In the meantime, K-POP is not only gaining a lot of popularity in America and Europe, where it was not well known, but in September 2020, it became the first Korean singer to top the Billboard Hot 100 with 'Dynamite'. In addition, it achieved No. 1 for the longest period in Melon chart history, was nominated for and performed alone at the Grammy Awards for the first time in K-POP, and in November 2020, with 'BE' and 'Life Goes On', the Billboard main chart Hot 100 (single) and 200 (album) 1st place at the same time. This was the first Korean song in Billboard's 62-year history to top the Billboard Hot 100. As such, BTS has achieved numerous achievements both domestically and globally.

1.0.6 and 6.3.9 of 'Bang' tell the truth about their vigorous activity, but as the repair of 7.0.8 and 2.3.1 in 'Tan' proves this, they have played a part in going to fame (popularity). will be. Above all, their talent as musicians seems to have played a big role in the mathematical combination of 4.2 of 'cow', 1.4.1 of 'year', and 1.3.1 of 'dan', leading to their talent. In addition, 1.4 and 6.7 of 'B' are in sync with this, and the repair of 6.7.

So, after seeing them, the media reported for several years that they are representative of what is often called the 'miracle of small and medium-sized agencies'. This is because, despite not being an idol planned with overseas in mind, since 2017, K-POP has been producing the greatest output on records related to overseas popularity, such as YouTube, Billboard, iTunes, UK charts, and Oricon. That's why I think their product value shines even more.

Looking at the articles handled by foreign media, most of them praised in 2018 that they were 'Koreans who ranked first in the world in a pop culture field for the first time since the founding of the country', and in October 2019, Forbes reported on the economic effect of BTS, which creates a scale of 5.5 trillion won in GDP. The world is paying attention. Not only that, but first in the Western world, including the United States and the United Kingdom, praise as the '21st century Beatles' poured out.

In addition, in 2020, he was selected as 'Celebrity of the Year' by Time, an American current affairs weekly magazine, and is leading the way in breaking K-POP records both domestically and abroad. After this generation, it was talked about as an icon of hope in life that it would rise to the ranks of classical music like the Beatles.

In 2021, as the 'first foreign artist', it ranked first in the annual total ranking of the Japanese Oricon chart sales category, and as the first 'foreign group' and 'foreign singer', Oricon album sales year after 37 years since Michael Jackson's Thriller took first place. As a result, the International Music Industry Association announced a global music report that said, 'BTS is the number 1 player in the global music market'.

In addition, it has been revealed that the economic effect brought to Korea by being #1 on the Billboard Hot 100 with 'Dynamite' is at least 1.7 trillion won, and at the same time, various media outlets have described BTS as a large company, not a small business that walks around. Therefore, according to the Hyundai Research Institute report as of 2021, BTS said that it brings economic benefits of 5 billion dollars (about 5.7 trillion won) to Korea every year, and NPR said that BTS has a ripple effect on learning about Korean culture and donations. It has been officially announced that

BTS, which is showing vigorous activity like this, officially announced the disbandment of the team in June 2022 and declared that it would start the second act centered on individual activities. However, the reason can also be fully seen in the overlapping 8.8 of 'BTS' and the overlapping 7.8 with 4.7.4 of 'BTS'. 7.8 is a repair that governs honor (popularity), but 8.8 or overlapping combinations of 7.8 are not good. So, in a way, isn't the dissolution of the group due to the wave energy emitted from the sound, as can be seen from the two group names? The sea that infers so.

김정은 이름 때문에 경제적 파탄이

83년생
042 366 638
김   정   은
931 455 547

김정일과 고용희 사이에서 차남으로 태어난 김정은은 북한의 3번째 세습 권력자다. 스위스의 수도 베른에서 유학생활을 했으며, 북한의 로동신문, 조선중앙통신에서 사용하는 공식 칭호는 '조선로동당 총비서'로 불린다.

최고 권력자의 이름에서 흔히 나타나 있는 3.4가 7.8을 마주하는 배합의 이름에서 흔히 볼 수 있듯이, 김정은의 이름 역시도 통치권자의 에너지를 '은'의 3.8과 4.7에서 일단은 갖고 있는 셈이다.

2018년 남북정상회담서 문재인 대통령과 함께 판문점 선언을 발표했고, 이를 통해 비핵화와 종전을 약속하면서 남북관계와 북미관계를 새로운 국면으로 이끌만한 주인공으로 한동안 주목받 있었다. 하지만 미국과의 협상 난항 등으로 미사일을 발사하는 등 평화를 위한 노력과는 정반대의 행동을 보여 왔다.

그러한 성향도 이름에서 충분히 엿볼 수 있는데 '김'의 1.4.2이 이름의 첫 자 3이 생각과 사고를 나타내는 3.4의 기운으로 몰린 탓이라 할 수 있다.

이름 전체에 3.4의 기운이 많으면 항시 자신이 최고라는 오만함과 자만심 때문에 독단적인 판단을 하다 결국 그 모든 것이 수포로 돌아가게 된다. 그러다보니 계획이 수시로 바뀌어 변덕스럽다는 평을 받기도 한다.

또한 이름에 편중된 재성 6.6.6과 5.5.5의 영향 때문인지는 몰라도 2019년에 들어서 제2차 북미정상회담, 러시아 방문, 중국 시진핑 주석과의 회담, 남북미정상회담 등 다각도의 외교 행보를 보이고 있었지만, 결정적인 변화나 성과는 거두지 못한 것도 이러한 흉한 이름의 영향 탓이다.

따라서 이름에서 발현되는 기운에 의해 경제개발을 강조하며 자력갱생(自力更生)과 속도전을 내세우며 수많은 건설 사업과 중공업의 현대화를 추구하고 있지만 과다한 5.6이 '정은'이란 이름에서 암시하듯 자력갱생을 통한 경제발전은 그야말로 매번 불가능할 수밖에 없다.

그래선지 2020년 한반도 폭우 사태라는 악재가 거듭하면서 경제개발이 실패했고, 그러한 실패를 스스로 인정하고 고난의 행군을 선언 했다. 거기에 코로나바이러스 감염증이 북한에 대유행하므로 소극적인 무역 활동과 더딘 외부 지원 수용 등으로 식량난까지 겹치면서 북한의 경제난은 더욱 심각해졌다.

이렇듯 대내외적으로 경제는 물론 체계조차도 점차 위기가 도래하자, 잠시 동안 개혁과 개방을 추구하던 김정은의 모습은 온데간데없고 폐쇄적인 북한의 모습만 보이고 있다. 그동안 일부

전문가나 정치인들이 김정은이야말로 유학생활을 했던 젊은 사람이라 외국문물을 받아들여 북한의 변화를 주도할 것이라 예측했는데 그러한 예단을 조롱이나 하듯, 반동사상 문화 배격법 및 청년교양보장법 제정 등을 통해 더욱 무자비하게 북한 주민들을 옥죄이고 있다.

 따라서 김정은이 그나마 권력을 잡을 수 있었던 것은 순전히 '김'의 0.4.2의 공로 때문이라 할 수 있다. 2의 생을 받은 왕성한 3.4가 9.0의 극제를 당하면 권력이 살아나므로 숨은 명예가 된다. 그리고 이름 끝 자 '은'에서 법률, 법칙, 규칙에 해당하는 관청 7.8을 3.4가 극제하면 이게 바로 통치권자의 명운이다. 성에서의 반복적인 0.4.2가 숨은 권력 7.8을 잘 보호하는 배합에 의해 최고 권력자가 되었지만 '정은'이란 6.6.6과 5.5.5의 중첩된 흉한 수리 때문에 북한의 어려운 경제상황은 갈수록 불을 보듯 뻔하다. 또한 그럴수록 북한의 폐쇄적인 삶은 더욱 심각해질 정도로 김정은이란 이름에서 충분히 엿보는 바다.

Economic collapse because of Jung Eun Kim name

83 years old
042   366   638
Kim   Jong   un
931   455   547

Born as the second son of Jong il Kim and Ko Yong-hee, Jung Eun Kim is the third hereditary power in North Korea. He studied abroad in Bern, the capital of Switzerland, and the official title used by North Korea's Rodong newspaper and Chosun Central News Agency is 'General Secretary of the Workers' Party of Korea'. As can be seen in the name of the combination of 3.4 facing 7.8, which is common in the name of the highest power, the name of Jong un Kim also has the energy of the ruler in the 3.8 and 4.7 of 'silver'.

He announced the Panmunjom Declaration with President Jae in Moon at the 2018 inter-Korean summit, promising denuclearization and an end to the war through which he drew attention as a protagonist who could lead inter-Korean and U.S.-North Korea relations to a new phase. However, it has shown the opposite of its efforts for peace, such as launching missiles due to difficulties in negotiations with the United States.

Such a tendency can be fully seen in the name, and it can be said that 1.4.2 of 'Kim' is driven by the energy of 3.4, where the first letter 3 of the name represents thoughts and thoughts.

If there is a lot of energy of 3.4 in the whole name, it will always come to nothing because of the arrogance and conceit that you are the best. As a result, plans change frequently and are criticized for being fickle. In addition, it may be due to the influence of 6.6.6 and 5.5.5, which are biased in names, but in 2019, the second North American summit, a visit to Russia, a meeting with Chinese President Xi Jinping, and a South-North American summit are showing various diplomatic moves. However, it is because of the influence of this ugly name that decisive changes or achievements have not been achieved.

Therefore, by the energy expressed in the name, economic development is emphasized, and numerous construction projects and modernization of heavy industry are pursued by advocating self-reliance and speed warfare. is absolutely impossible every time.

Perhaps, as the bad news of the heavy rains on the Korean Peninsula in 2020 repeated, economic development failed, and he acknowledged such failure himself and declared a march of hardship. In addition, since the coronavirus infection was raging in North Korea, North Korea's economic difficulties became more serious as passive trade activities and slow acceptance of external aid overlapped with food shortages.

In this way, as the economy as well as the system gradually faces a crisis both internally and externally, Jong un Kim, who has been pursuing reform and opening for a while, is nowhere to be found and only shows the closed North Korea. In the meantime, some experts and politicians predicted that Jong un Kim, a young man who had studied abroad, would accept foreign culture and lead changes in North Korea. They are mercilessly strangling North Koreans.

Therefore, it can be said that Jong un Kim was able to seize power at least because of Kim's contribution to 0.4.2. When the prosperous 3.4, who received the life of 2, is suppressed by 9.0, its power revives, so it becomes a hidden honor. And if 3.4 extremizes government office 7.8, which corresponds to law, law, and rule at the end of the name, 'eun', this is the fate of the ruler. The repetitive 0.4.2 in the province became the highest power by a combination that well protects the hidden power 7.8, but 'Jeong-eun' is the overlapping ugly repair of 6.6.6 and 5.5.5, so the difficult economic situation in North Korea seems to be getting worse. It's obvious. In addition, the more so, the closed life in North Korea becomes more serious, and the name Jong un Kim provides enough glimpses.

복 받기위해 기도할 거면 차라리 개명을!

할머니 한 분이 버스를 탔는데 짐을 올려놓고 주머니를 뒤지니 돈이 없었다. 그래서 기사한테,

"기사 양반, 미안한데 돈이 없구려."

그러자 기사가 차를 출발시키지 않고,

"돈도 없는데 왜 타요! 빨리 내리세요."

무뚝뚝하게 소리 질렀다. 할머니는 무안하고 창피하기도 해서 계속 미안하단 말만 했다. 마침 출근길이라 버스 안에 손님들이 많았다. 무리 중에는 그냥 출발하자는 사람도 있고 할머니더러 바쁘니 빨리 내리라고 소리치는 사람도 있었다. 기사 역시 차를 출발시키지 않고 계속 내리라고만 소리치니까 그때 중학생이 만원 지폐를 요금함에 넣었다. 그러면서,

"이걸로 할머니 차비를 대신하고 남은 거스름돈은, 돈 없는 분이 타면 화내지 말고 태워주세요"

순간 버스 안은 조용해졌고 기사는 말없이 차를 출발시켰다. 그야말로 점점 삭막해져가는 요즘 세상에 그 중학생의 마음씨가 아침 출근길을 재촉하는 승객들의 마음을 따뜻하게 했다.

왜 세상이 이렇게 점점 더 삭막하게 변해가고 있는가? 나의 유익과 나의 이름을 위해 사는 죄인들의 본성이 이 세상을 이렇게 파국으로 몰고 가고 있기 때문이다. 그러나 엄밀히 따지면 이름 속에 내재된 파동의 에너지가 사람들을 그렇게 변하게 만든다는 사실이다.

사람을 죽이는 것도, 강도짓을 하고 어린아이를 유괴하는 것도 다 흉한 이름 때문이다. 각 개개인의 삶이 편하고 행복하다면 과연 그런 흉한 일들이 일어나겠는가? 그리고 그런 끔찍한 일들을 서슴지 않고 자행하겠는가? 그렇다면 이와 같이 사람들의 마음을 강퍅하게 하는 이유가 무엇인가? 이것만 잘 분석해도 우리가 인생의 반 이상은 파극으로 치닫게 되는 일을 면할 수가 있고 행복과 안위를 누리며 살 수 있게 된다.

사람들은 하나같이 죽어서 남게 될 자기의 이름을 위해 기를 쓴다. 그러다보니 세상이 이렇게 척박하게 변했다. 돈을 빼앗기 위해 이웃집 할머니를 죽이고, 잔소리를 하는 아버지를 친구와 함께 목 졸라 살해해 쓰레기장에 묻어버리고, 카드빚을 갚기 위해 어린 아이들을 유괴해 저수지에 던져 버리기도 하는 끔찍한 세상이 되어 버렸다.

그래서 좋은 이름만 갖고 있어도 최소한 이러한 일들은 발생하지 않는다. 이름은 험난한 세상을 살아가는데 가장 중요한 필수 조건이다. 따라서 교인들은 작명가한테 이름을 지으면 이를 우상숭배로 여기면서, 막상 아기가 태어나면 자기가 몸담고 있는 교회 목사한테 이름을 의뢰한다.

필자의 고객 중에 80%가 기독교인들이다. 자신의 삶이 자식이나 남편 때문에 팍팍하고 힘이 들 때 교회 가서 그 문제를 놓고 열심히 기도한다. 금식해가며 지극정성으로 문제 해결을 놓고 하나님께 기도하지만 풀리지 않을 때가 더 많다. 대개의 경우는 그 원인이 무엇인지 궁금하여 철학관이나 작명원을 찾게 된다. 타고난 운명이야 신의 영역이니 주어진 운명대로 힘들게 사는 거야 어쩔 수 없다. 그렇지만 이름에 의해 힘들게 사는 사람들을 보면 매우 안타깝다. 그래서 개명을 권유하면 한사코 목사님이 지어준 이름이라 바꿀 수 없다는 생각이다. 그런 교인들을 보면 성경을 몰라도 너무 모른다는 생각이 들어 답답할 때가 많다.

하나님이야말로 말(稱;이름)로 세상을 창조하셨고 그 말씀으로 하나님의 백성들과 유기된 백성들을 창세기 1장에서 나누어놓았는데 그 뜻을 모르고 율법에 사로잡혀 엉뚱하게 고집피우고 있어 안타까워서 하는 얘기다.

하나님의 말씀 자체가 성경이고, 성경 자체가 하나님의 뜻과 계획이기 때문에 창세기 1장에서 모든 만물에 하나님께서 직접 이름을 붙이셨다. 그런데 그 본질 자체를 깨닫지 못하고 이름을 무조건 미신으로 치부하는 사람들을 보면 답답하고 안타까울 뿐이다.

교인들 대부분이 흉한 이름 때문에 어렵고 힘들게 살고 있고 그로인해 고통스런 삶의 문제를 해결하기 위해 열심히 기도한다. 삶이 척박하고 곤고하다보니 잠을 설쳐가며 새벽기도나 철야에 배나 금식기도를 통해 고난의 문제를 해결해 보려고 무던히 애를 쓴다. 그런데 그렇게 열심히 교회나 기도원서 기도해 보지만 정작 그 원인이 흉한이름 때문이란 걸 대다수가 모르고 있다.

작금의 많은 교회들이 이름에 대해 너무나 많이 오해하고 있다. 특히 교인들은 이름을 마치 미신(우상숭배)인양 치부하는데 성경에서 말하는 우상숭배가 무엇인가? 그게 바로 탐심이고 간음이다. 하늘백성들은 오직 눈에 보이지 않는 하나님나라만 바라보고 살아야 한다. 그런데 교회가 세상 것에 눈을 돌리고 하나님보다 땅의 것에 마음을 더 쓰고 있다. 하나님보다 세상을 더 사랑하는 것을 성경은 그걸 간음이라 한다. 그런데 그 간음이 무엇 때문에 생기는가? 바로 탐심 때문이다. 성경은 탐심이 우상숭배라고 분명하게 밝히고 있다.

> 그러므로 땅에 있는 지체를 죽이라 곧 음란과 부정과 사욕과 악한 정욕과 탐심이니 탐심은 우상숭배니라(골3;5)

오늘날 처처에 수많은 교회들이 우상숭배를 하고 있음에도 그게 우상숭배인줄 모르고 있다는 사실이 더 무서운 거다. 그러다 보니 수많은 교회들이 예수를 믿으면 이 땅에서 잘 먹고 잘산다고 생각하고 있다. 예수를 잘 믿어야 하나님께서 복을 주어 잘 살 수 있다고 가르치고 있으니 모두가 그렇게 믿고 있다.

그건 기독교의 본질이 아니다. 기독교는 눈에 보이는 것을 추구하는 종교가 아니다. 기독교는 비록 눈에 보이지 않아도 하나님의 약속이 있기에 그것을 실제로 받아들이는 믿음을 발휘하며 사는 자들이다. 물에 빠져 죽어야 할 우리가 살아나는 구원의 방법은 하나님의 말씀 안으로 들어가는 길밖에 없다.

노아만 비가 오지 않는 산꼭대기에서 아직 눈에 보이지 않는 하나님의 약속(말씀)만을 믿고 120년 동안 배를 만들었다. 그리고 비 한 방울 오지 않는 그때에 방주 속으로 들어갔다. 그걸 믿음이라 한다. 노아가 만일 눈에 보이는 세상 부귀영화와 체면과 자랑을 챙기는 자였다면 절대 그렇게 하지 못했을 거다. 세상 모든 이들이 그를 조롱했다. 그런데 그 조롱을 참으며 그는 오로지 하나님만을 바라보았다. 그게 믿음이다. 우리는 그렇게 눈에 보이는 것이 나에게 주어지지 않을 때에 방주로 들어가는 것이 신앙생활이고 그게 교회다.

하나님은 우리에게 눈에 보이지 않는 믿음의 삶을 끝없이 요구하신다. 그때 영원한 하늘나라가 당장은 눈에 보이지 않더라도 노아가 그리했듯이 그러한 믿음을 매번 발휘해 보일 수 있어야 한다. 그게 영생을 준비하는 믿음의 선진들이다. 노아는 몇 년도 아닌 그야말로 120년 동안 맑고 청명한 하늘 아래에서 하나님의 약속만을 믿고 홍수를 대비했다.

이와 같이 기독교는 눈에 보이지 않는 영생이란 하나님의 언약의 말씀만을 믿고 사는 사람들이지 문제 해결을 위해 하나님을 믿는 것이 아니다. 이 세상 문제 해결이나 복을 받기 위해 교회를 다닌다거나 기도하는 것이라면 차라리 좋은 이름으로 바꾸는 것이 훨씬 신앙생활에 도움이 된다. 이는 교회에서 복을 구하는 것보다 현실적으로 개명이 빠르게 나타나기 때문이다. 왜냐하면 모든 사람들은 그야말로 불러주는 이름대로 살아간다. 이름이 좋으면 풍요롭고 여유로운 삶을 살고 이름이 흉하면 궁핍하고 척박한 삶을 살게 된다. 즉 좋은 이름은 행복하게 살고 흉한 이름은 불행하게 산다는 말이다.

그러니까 교회에서 영생의 복이 아닌 엉뚱한 복(물질) 구하지 말고 차라리 힘들고 어려우면 좋은 이름으로 개명하라고 권고하는 바다. 무엇보다 현실 속의 어려운 문제는 좋은 이름을 통해 극복하는 것이 신앙생활에 도움이 된다. 그러니까 교회서는 하늘나라(영생)만 소망하며 기도하고, 현실적인 어려움의 문제 해결은 좋은 이름으로 바꾸어 안온한 가운데 신앙생활에 임하는 그것이 도리어 올바른 믿음생활이라는 것을 깨달아야 한다.

If you're going to pray for blessings, you'd better change your name!

An old woman got on the bus, but after putting her luggage on the bus, she searched her pockets and found no money. So, to the knight,

"I'm sorry, knight, but I don't have any money."

Then the driver did not start the car.

"Why ride when you don't even have money! Get off quickly."

she shouted curtly. Her grandmother was embarrassed and embarrassed, so she kept saying she was sorry. She happened to be on her way to work, so there were many customers on the bus. Some of her group told her to just leave, while others shouted for her grandmother to get out quickly because she was busy. The driver also did not start the car and kept shouting to get out, so the middle school student put a 10,000 won bill in the farebox at that time. therefore,

"This will replace her transportation cost, and if

someone with no money burns the remaining change, please do not be angry."

For a moment, the bus became quiet and the driver started the car without a word. In today's increasingly desolate world, the middle school student's heart warmed the hearts of the passengers rushing to work in the morning.

Why is the world becoming more and more dreary like this? It is because the nature of sinners who live for My benefit and My name is driving this world to catastrophe. However, strictly speaking, it is the fact that the wave energy inherent in a name makes people change like that.

Killing people, robbing and kidnapping children is all because of an ugly name. If each individual's life was comfortable and happy, would such ugly things really happen? And would he not hesitate to commit such terrible things? Then, what is the reason for hardening people's hearts like this? Even if we analyze this well, more than half of our life can avoid the catastrophic event, and we can live happily and comfortably.

People, like one, spend their lives for their names that will remain after they die. As a result, the world has changed so drastically. It has become a terrible world where they kill their neighbor's grandmother to steal money, strangle their nagging father with a friend and bury them in a garbage dump, and kidnap young children and throw them into a reservoir to pay off credit card debt.

So even if you have a good name, at least these things don't happen. A name is the most important prerequisite for living in a tough world. Therefore, church members regard it as idolatry when a name is given to a naming artist, and when a baby is born, they ask the pastor of the church they belong to to name it.

80% of my customers are Christians. When my life is hard and difficult because of my children or my husband, I go to church and pray hard about the problem. While fasting, we pray to God with great sincerity for a solution to the problem, but more often than not, it is not resolved. Most of the time, I wonder what the cause is, so I look for a view of philosophy or a naming source. It's the destiny you were born with and it's the realm of God, so you can't help but live hard according to the given destiny. However, it is very sad to see people living a hard life based on their name. So, if you recommend changing your name, I think that it cannot be changed because it is the name given by Pastor Sako Han. When I see such church members, it is often frustrating to think that even though I don't know the Bible, I don't know too much.

God created the world with words (names), and with those words, God's people and the abandoned people were divided in Genesis 1. I am sorry to say that they are obsessed with the law and obsessed with the law without knowing the meaning.

Since God's Word itself is the Bible, and the Bible itself is God's will and plan, God directly named all things in

Genesis 1. However, it is frustrating and pitiful to see people who do not realize the nature of the name itself and unconditionally dismiss the name as superstition.

Most of the church members are living a difficult and difficult life because of the ugly name, and they pray hard to solve the painful life problems. As life is barren and hard, they lose sleep and try hard to solve the problem of suffering through early morning prayer, all-night worship, or fasting prayer. However, although they pray so hard at church or prayer center, most of them do not know that the cause is because of the ugly name.

Many churches today have too many misunderstandings about names. In particular, church members dismiss the name as if it were superstition (idolatry). What is idolatry in the Bible? That is covetousness and adultery. Heavenly people must live looking only at the invisible kingdom of God. However, the church turns its eyes to the things of the world and cares more about the things of the earth than God. Loving the world more than God is what the Bible calls adultery. But what causes that adultery? It's because of covetousness. The Bible clearly states that covetousness is idolatry.

> Therefore, put to death your members that are on the earth: fornication, uncleanness, lust, evil lust, and covetousness, which is idolatry (Colossians 3:5).

It is more frightening that many churches today do not know that idol worship is idol worship. As a result, many churches believe that if they believe in Jesus, they will eat well and live well on this earth. Everyone believes that they believe in Jesus so that God can bless them and live well.

That is not the essence of Christianity. Christianity is not a religion that pursues what is visible. Christians are those who live by exercising faith in actually accepting God's promises even though they are invisible. The only way to save us from dying in the water is to enter into the Word of God.

Only Noah built a boat for 120 years, believing only in the invisible promise (word) of God on the top of the mountain where it did not rain. And at that time when there was no rain, he went into the ark. it's called faith If Noah had been the one who took care of the wealth and glory of the visible world, his face and pride, he would never have done that. Everyone in the world mocked him. But enduring the ridicule, he looked only to God. that's faith When we are not given what we see with our eyes, entering the ark is a life of faith and that is the church.

God endlessly demands a life of invisible faith from us. At that time, even if the eternal kingdom of heaven is invisible to the eyes right away, you must be able to demonstrate such faith every time, just as Noah did. That is the forefathers of faith preparing for eternal life. Noah prepared for the flood by believing only in God's promise under a clear and blue sky for literally 120 years, not just a few years.

In this way, Christianity is people who live by believing

only in the word of God's covenant, which is invisible and eternal life, not believing in God to solve problems. If you are going to church or praying to solve the world's problems or receive blessings, changing it to a good name is much more helpful in your spiritual life. This is because the real name change appears faster than seeking blessings in the church. Because everyone literally lives up to the name they call. If you have a good name, you will live a rich and leisurely life, and if you have an ugly name, you will live a poor and barren life. In other words, a good name leads to happiness and an ugly name leads to misery.

Therefore, the church recommends that you change your name to a good name if you find it difficult and difficult instead of seeking a wrong blessing (substance) that is not the blessing of eternal life. Above all, overcoming difficult problems in reality through a good name is helpful in the life of faith. Therefore, in the church, we must realize that praying for only the kingdom of heaven (eternal life), and changing the solution of practical difficulties to a good name, and living a life of faith in peace is actually the correct life of faith.

섹스 스캔들에 휘말리는 이유는

1946년생
672 482 271 291
빌 클 린 턴
894 604 493 413

미국 역사상 최고의 호황기를 이끈 대통령으로 평가 받은 빌클린턴 대통령은 집권 당시 거품 경제였다는 평가가 있기는 하나, 냉전 종료 이후 전 세계 유일의 초강대국으로 등극한 미국을 꽤나 안정적으로 통치한 때문인지 미국 대통령들 중 가장 높은 퇴임 지지율을 기록했다.

그럼에도 불구하고 그동안 역대 대통령 중 섹스스캔들로 가장 많이 세계인의 관심을 집중시킨 이유가 '빌클린턴'이란 이름에서 충분히 엿볼 수 있다. 즉 '빌' 6.7.2 와 '클린' 4.8.2. 2.7.1 이란 숫자의 배합에서 나타나듯, 재물이나 여자를 극하는 1.2를 관청 7.8이 극하면 그로인해 재물이나 여자인 5.6이 살아난다. 대개의 경우 남자 이름에 7.8이 1.2를 보면 축적의 재물도 되지만 그에 앞서 숨겨진 여자로 내연녀가 있음을 예고하는 배합이다.

그래선지 클린턴은 아칸소 주지사 시절부터 여자 문제로 트러블이 매우 많았다. 1990년 9월, 주지사 연임을 시도하던 때, 해고된 직원이 '클린턴이 아칸소 주의 재정을 유용하여 다섯 명의 여자와 간통 했다.'라고 폭로했다. 이외에도 클린턴이 주지사로 재직하던 시절 호텔에서 그에게 섹스를 강요당했다고 주장한 여자가 있는가 하면, 12년간 클린턴과 혼외정사를 했다고 폭로한 사실도 있다.

그중 제일 유명한 섹스스캔들은 백악관 인턴이었던 모니카 르윈스키와의 불륜으로 속칭 지퍼게이트 사건이다. 모니카는 펜타곤의 공보직으로 근무하는 동료 린다 트립과 전화 통화를 하면서 클린턴과의 관계를 허물없이 털어놨는데, 린다가 이 내용을 녹음하여 언론에 공개하면서 알려지게 되었다.

그동안 3.4가 7.8을 보는 배합에서 대통령의 이름에서 흔하게 나타나곤 했었는데 클린턴 이름 역시도 '클'의 4.8이 이를 여실히 증명하고 있다. 그렇더라도 7.8은 법률과 법칙을 나타는 관청인데 이를 3.4가 파극하면 대개의 경우 관재구설로 소송에 휘말리게 된다.

클린턴 또한 '클'의 4.8이 이를 나타내고 있는데 지지에 '턴'의 왕성한 4.1.3이 호시탐탐 관청을 노리고 있으면 언제든 섹스스캔들에 휘말릴 수밖에 없게 된다. 그래도 다행히 왕성한 4.1.3의 수리에 7.8이 직접적으로 나타나 있지 않아 섹스스캔들로 이미지에 타격은 입었으나, 대통령에게도 사생활이 있을 수 있다는 여론이 어느 정도 클린턴에게 동정적으로 돌아서므로 상원에서 탄핵안이 부결되면서 가까스로 대통령 자리는 지킬 수 있었다.

이 또한 '클린턴' 이름에서 '클린'에 나타난 6.0.4와 4.9.3의 수리배합을 살펴보면 이는 숨은 명예로 권력을 나타낸다. 따라서 이름의 이러한 좋은 배합으로 인해 미국은 소련의 붕괴로 군사적으로나 경제적으로 그 어느 국가도 넘볼 수 없는 막강한 영향력을 클린턴 임기동안 행사하게 되었고, 루스벨트대통령 이래 60년 만에 최초로 8년 임기를 마친 민주당 대통령이 되었다는 평판도 듣게 되었다.

사실 클린턴의 임기 자체는 앞서 이름에서 나타내었듯 소수민족과 여성에게 친화적인 정책을 폈다는 평가와 함께 환경 정책에서 많은 업적을 남겨 칭송도 많았지만, 그 반면에 중첩된 1.2와 3.4의 수리가 유독 많이 눈에 띄므로 실책도 연속해 발생해 그에 따른 비난과 잡음도 끊이지 않았다.

무엇보다 섹스스캔들로 세계인의 관심을 집중시킨 이유도 알고 보면 바로 이름에서 7.8이 1.2를 보는 수리배합에서 이를 여실히 증명하고 있다. 그러니 이를 어찌 이름의 영향 탓이라 아니 할 수 있겠는가.

그러므로 르윈스키와의 스캔들 파문으로 그녀와의 관계를 묘사한 '오럴섹스(구강성교)'라는 표현과 '부적절한 관계'라는 표현이 전 세계적으로 신조어로 유행될 정도로 섹스 스캔들에 휘말린 이유도 바로 이러한 이름 때문이다.

Why get involved in a sex scandal?

Born in 1946
672 482271291
Bill   Clinton
894 604493413

Although President Bill Clinton, who was evaluated as the president who led the best boom in American history, was evaluated as a bubble economy at the time of his administration, it is because he ruled the United States, which became the world's only superpower after the end of the Cold War, in a fairly stable manner. Resignation approval rating recorded.

Nevertheless, the reason why he has focused the world's attention the most as a sex scandal among past presidents can be fully seen in the name 'Bill Clinton'. i.e. 'Bill' 6.7.2 and 'Clean' 4.8.2. As shown in the combination of the numbers 2.7.1, if 1.2, which exalts wealth or women, is exalted by government office 7.8, 5 and 6, wealth or women, are revived. In most cases, if you look at 7.8 in a male name and 1.2, it becomes a wealth of accumulation, but it is a combination that foretells that there is a secret woman as a hidden woman.

Maybe Clinton has had a lot of trouble with women since he was governor of Arkansas. In September 1990, as he was trying to run for a second term as governor, a fired employee revealed that "Clinton misappropriated the state's finances and had adultery with five women." In addition, there is a woman who claimed that Clinton was forced to have sex with him at a hotel while he was governor, and that she and Clinton had an extramarital affair for 12 years.

Among them, the most famous sex scandal is the so-called Zipgate scandal involving an affair with Monica Lewinsky, who was a White House intern. Monica divulged her relationship with Clinton during a phone call with her colleague Linda Tripp, who served in her Pentagon public affairs position, which she informed when Linda recorded it and released it to the press. got lost

In the meantime, in the combination of 3.4 and 7.8, it used to appear commonly in the name of the president, but Clinton's name, 4.8 of 'Cl', clearly proves this. Even so, 7.8 is a government agency that represents laws and regulations, and if 3.4 destroys it, in most cases, it will be embroiled in a lawsuit due to rumors of official assets.

Clinton's 4.8 of "Clean" also represents this, and if

the vigorous 4.1.3 of "Turn" in Jijie is aiming at the government office, he will have no choice but to get involved in a sex scandal at any time. Still, fortunately, 7.8 did not directly appear in the vigorous repair of 4.1.3, so the image was damaged by the sex scandal. The presidency could be kept.

Also, if you look at the repair combination of 6.0.4 and 4.9.3 that appeared in 'Clean' in the name of 'Clinton', it represents power as a hidden honor. Therefore, due to this good combination of names, the United States was able to exert a powerful influence militarily and economically that no other country could surpass during the Clinton term due to the collapse of the Soviet Union. I also heard the reputation that it became.

In fact, during Clinton's term itself, as indicated by the name, he was praised for his achievements in environmental policy, along with evaluations of policies that were friendly to minorities and women. Because it was noticeable, mistakes occurred continuously, and the criticism and noise that followed continued.

Above all, if you look at the reason why the world's attention was focused on the sex scandal, it is clearly proven in the number of 7.8 and 1.2 in the name. So, how can this be attributed to the influence of the name?

Therefore, it is because of this name that the expression 'oral sex' and 'inappropriate relationship', which describe the relationship with Lewinsky, were involved in a sex scandal to the extent that they became popular all over the world as neologisms. to be.

성추문의 주인공이 왜 되었는가?

73년생
73 6848 43 94
르　원　스　키
39 2404 09 50

그 유명한 르윈스키 성추문은, 1997년 빌 클린턴 탄핵의 발단이 된 사건으로 세계의 이목을 집중시켰다. 르윈스키는 미국의 백악관에서 인턴으로 일하고 있던 중 당시 대통령 빌 클린턴과의 성적 관계로 유명해진 인물이다. 그녀와 클린턴의 관계의 스캔들을 언론에서는 '모니카 게이트' 혹은 '르윈스키 스캔들'로 회자된다. 따라서 클린턴과의 섹스스캔들로 미국사에 길이 남을 모니카 르윈스키는 전대미문의 추문의 당사자가 되었다. 세계적으로 얼굴과 개인정보가 팔렸을 뿐 아니라 적나라한 사생활까지 뉴스를 통해 낱낱이 까발려졌다.

이러한 르윈스키를 많은 사람들이 인간적인 면에서 동정어린 시선을 보냈지만, 이를 성명학적인 관점에서 '왜 그런 성추문의 주인공이 되었는가.'를 알아볼 필요가 있다고 생각한다.

우선 '르'에 7.3은 남편 덕이 없음을 예고하는데다 '윈'에서의 6.8.4.8과 '스'의 4.3이 있다. 이는 남편을 극하는 7.3, 8.4, 8.4가 반복적으로 나타나 있는데다 '키'의 9.4와 함께 지지에서의 '르' 3.9와 '윈스'의 2.4, 0.4, 0.9가 유독 눈에 많이 띈다.

여성의 이름에서 9.0이 3.4를 보면 숨겨진 내연남이 있게 된다. 이는 3.4는 남편을 나타내는 7.8을 극하는데 이를 9.0이 3.4을 극하면 도리어 숨은 남자가 살아난다. 그러므로 여성의 이름에서 9.0이 3.4을 마주하면 대개의 경우 내연남이 있거나 자식으로 인한 애로사항이 있게 되고 자궁이나 유방, 갑상선 등에 질환이 생기게 된다.

따라서 르윈스키의 이름을 분석해 보면 거의 대부분 극으로만 이루어진 배합이다. 무엇보다 7.3, 8.4, 8.4의 수리는 배우자를 극함과 동시에 관재구설을 나타내기 때문에 그로인한 망신수가 따르게 된다. 그동안 르윈스키는 클린턴과의 섹스스캔들로 인해 기자나 파파라치, 그리고 변태들에게 온가족이 쫓기며 몇 년간 이사를 다니는 수모를 겪어야 했다. 사건 이후에도 온갖 코미디 소재로 사용되었으며 래퍼들이 자주 인용하는 농담 소재가 되었다.

반면에 여성 인권에 대한 인식이 개선된 어느 특정 진영에서는 '아무리 쌍방간 합의에 의해 벌인 불륜이라 하더라도, 대학을 갓 졸업한 22살짜리 인턴을 50대의 미국 대통령이 젊은 여성을 미혹해 같이 놀아난 상황이라면 그 대통령의 죄가 훨씬 중하지 않냐'는 여론도 많았다. 그래선지 전 세계적으로 조롱거리가 된 르윈스키는 2014년에 회고록을 냈으며, TED에서 자신의 경험을 빗대어 온라인상에서 조리돌림의 폐해에 대한 강연을 하기도 했다.

그러므로 그녀가 감내해야 했던 망신과 수모에 대한 동정론도 세월이 흘러 지퍼게이트사건이 단순한 가십거리가 아닌 역사적 사건으로 학계에서 진중한 평가를 받게 되었다. 아직까지 결혼에 대한 소식이 없는 것으로 봐서는 이 또한 르윈스키 이름에서 반복된 7.3과 8.4의 흉한 수리배합 때문이 아닌가? 그렇게 추론해 보는 바다.

Why did you become the protagonist of the sexual scandal?

73 years old
73 6848 43 94
　lewinsky
39 2404 09 50

The famous Lewinsky sex scandal drew world attention as the event that sparked the impeachment of Bill Clinton in 1997. Lewinsky became famous for having a sexual relationship with then-President Bill Clinton while working as an intern at the White House in the United States. The scandal of her relationship with her and her Clinton is referred to in the press as the 'Monica Gates' or 'Lewinsky scandal'. Thus, Monica Lewinsky, whose sex scandal with Clinton will go down in American history, became the subject of an unprecedented scandal. Not only was her face and personal information sold worldwide, but even her naked private life was exposed through her news.

Although many people looked at Lewinsky with sympathy from the human side, she thinks that it is necessary to find out why she became the protagonist of such a sexual scandal from the perspective of her sexism.

First of all, 7.3 in 'Le' predicts her husband's lack of virtue, and there are 6.8.4.8 in 'Dawin' and 4.3 in 'S'. This is because 7.3, 8.4, 8.4, which extremizes her husband, appear repeatedly, and along with 9.4 in 'Ki', 'Le' 3.9 in after birth and 2.4 in 'Wins'. 0.4. 0.9 stands out a lot.

If 9.0 is 3.4 in a woman's name, there is a hidden inner love. This means that 3.4 exaggerates 7.8, which represents the husband, and if 9.0 exaggerates 3.4, the hidden man will come to life. Therefore, when 9.0 faces 3.4 in a woman's name, in most cases, there is an internal lover or difficulties due to children, and the uterus or breast. Diseases of the thyroid gland, etc.

Therefore, if you analyze Lewinsky's name, it is almost exclusively a combination of poles. Above all, since repairs of 7.3, 8.4, and 8.4 both extremize the spouse and indicate the rumor of a financial mistress, the resulting embarrassment follows. In the meantime, Lewinsky's sex scandal with Clinton has forced her to move for years, with her entire family being chased by reporters, paparazzi, and her perverts. Even after the incident, she was used as material for all sorts of comedies and jokes frequently cited by rappers.

On the other hand, in a certain camp where awareness

of women's human rights has improved, 'no matter how much the affair was committed by agreement between the two parties, a 22-year-old intern who had just graduated from college was a situation in which an American president in his 50s seduced a young woman and played with it. There was also a lot of public opinion saying, "If so, isn't the president's crime much more serious?" Lewinsky, who has been ridiculed around the world for some reason, published a memoir in 2014 and gave a lecture at TED about the harms of cooking online, alluding to his own experience.

Therefore, the disgrace she had to endure and her sympathy for her humiliation also came to be seriously evaluated in the academic world as a historical event, not just a gossip. Considering that there is no news of marriage yet, isn't this also due to the ugly repair combination of 7.3 and 8.4 repeated in Lewinsky's name? The sea that infers like that.

왜 요절했는가?

1958년생
75 19 604 015 903
마 이 클 잭 슨
75 19 604 015 903

세계적인 가수이자 작곡가 겸 댄서로 1980년대 초에서 중반까지 세계적으로 인기를 누렸던 마이클 잭슨은, 록으로 매우 유명했던 음악가족이다.

마이클의 아버지 조셉은 자녀 다섯 형제로 '잭슨 파이브'(Jackson 5)라는 화려한 어린이 스타 그룹을 만들었다. 현란한 의상, 부풀린 흑인 헤어스타일, 활기찬 안무, 젊고 풍부한 감성을 자랑하며, 잭슨 파이브는 곧 성공을 거두었다. 이는 마이클의 이름에서 알 수 있듯이 '마'의 7.5가 이를 증명하고 있다.

그는 스릴러를 발표했는데, 스릴러는 여러 명의 게스트 스타들을 포진하고 그를 세계적 슈퍼스타로 격상시켜준 역작으로 4,000만장 이상 판매되었고, 8개의 그래미상 수상 기록을 세우는 등 수많은 상을 수상했으며, 사상 최다 판매 앨범이 되었다. 이 또한 '클' 6.0.4는 양쪽에 포진되어 있는 학문인 9.0을 재물 5가 억제시켜주고 인기를 나타내는 7이 재물을 나타내는 5를 상생시켜주어 일찌감치 그 명성으로 인한 인기와 재물을 풍성히 이루었다. 그럼에도 불구하고 '마이' 5.1과 '잭'의 1.5가 재물을 파괴하는 1의 세력에 의해 극을 받게 되자, 우리에겐 힘과 용기, 즐거움을 주는 훌륭한 뮤지션이었지만 그의 인생에 있어 특히 결혼생활에 있어선 결코 순탄하지만은 않았다.

'클'의 6.0.4는 재능과 두뇌를 나타내는 4가 0의 극을 받으면 인기인으로서 명성을 얻기 어려운데 이를 재물 6이 0을 극제하므로 4가 온전히 제 역할을 수행하게 되어 뮤지션으로 인기와 명성을 맘껏 누릴 수 있었다. 아울러 '잭'의 0은 반항의 특성 4를 극제 시켜 주어 명성을 주관하는 7.8을 살려준 까닭에 세계가 열광하는 가수가 되었다.

그럼에도 불구하고 이름 전체에 1.5가 네 번이나 반복되어 나타난 수리때문에 불행한 결혼생활을 맞이했다. 그래선지 1994년 비밀리에 엘비스 프레슬리의 딸인 리사 마리 프레슬리와 결혼했지만 2년이 안 되어 종지부를 찍었고, 이후 잭슨은 다시 결혼하여 아이들을 얻었으나 이 결혼 또한 이혼으로 끝나고 말았다. 그러면서 그의 별나고 은둔적인 사생활이 논란의 대상이 되곤 했다.

따라서 1993년 잭슨이 알고 지내던 13세 소년에게 어린이 성추행으로 고소당해 명성에 심각한 타격을 받아 곤욕을 치렀지만 결국 법정 밖에서 극적으로 합의될 수 있었던 것도 알고 보면 '클'의 6.0.4의 수리 때문이다.

그럼에도 잭슨은 '마'의 7.5와 '클'의 6.0.4와 '슨'의 0.3이 '명성'을 주관하는 7.8을 잘 살려주는 길운에 의해 '팝의 제왕'으로 세계적인 가수로 각광을 받았다고 추론한다. 좋은 수리의 배합과 흉한 1.5의 배합이 이름 전체를 포진하고 있다 보니, 부(富)와 명성과 재능을 모두 갖추었지만 아직은 패기 넘치는 젊은 나이라 할 수 있는 오십대 초반에 요절했다.

그야말로 2009년 컴백 공연을 준비하던 잭슨은 6월 25일 자택에서 심장마비 증세를 보여 LA의 한 병원에 후송되었지만 사망하게 되었다. 그런데 그 원인이 己丑년의 운세에서 여실히 증명하고 있다.

이름 원명에 이러한 운명적 요인을 갖고 있는데다 또 다시 2009년도에 이를 강하게 표출하다보니, 즉 재물을 탈재하는 흉한 기운의 1.5가 세운에서 두 배로 가중되다 보니 결국 사망까지 이르게 된 것이다. 이렇듯 이름에서 나타나는 운명적 요인은 무서우리만치 정확하게 작용하고 있다.

Why did you die?

Born in 1958
7519604   015903
Micheal   Jackson
7519604   015903

Michael Jackson, a world-renowned singer, songwriter, and dancer who enjoyed worldwide popularity in the early to mid-1980s, is a musical family very famous for rock.

Michael's father, Joseph, formed a colorful child star group called 'The Jackson 5' with his five brothers. Boasting flashy costumes, puffed black hairstyles, lively choreography, and a youthful, rich sensibility, the Jackson Five soon found success. As can be seen from Michael's name, the 7.5 of 'Ma' proves this.

He released Thriller, a masterpiece that featured several guest stars and elevated him to international superstar status, selling more than 40 million copies, winning numerous awards, including eight Grammy Awards, and best-selling album of all time. has become In addition, in 'Big' 6.0.4, wealth 5 suppresses 9.0, which is the academic herd on both sides, and 7, which represents popularity, coexists with 5, which represents wealth, so that it has achieved popularity and wealth early on due to its reputation. Nevertheless, when 'My' 5.1 and 'Jack' 1.5 were struck by the power of 1 destroying property, he was a great musician who gave us strength, courage and joy, but never in his life, especially in his marriage. It wasn't smooth.

It is difficult to gain a reputation as a popular person when 4, which represents talent and brain, receives a pole of 0, but wealth 6 suppresses 0, so 4 plays its full role, and popularity and reputation as a musician can be fully enjoyed. could enjoy In addition, 'Jack''s 0 excites the characteristic 4 of rebellion and saved 7.8, which governs reputation, and became a singer that the world is enthusiastic about.

Nevertheless, combination who had 1.5 repeated four times in his entire name, had an unhappy marriage. In 1994, he secretly married Lisa Marie Presley, the daughter of Elvis Presley, but it ended within two years. Jackson later married again and had children, but this marriage also ended in divorce. At the same time, his eccentric and reclusive personal life was often the subject of controversy.

Therefore, in 1993, Jackson was accused of child molestation by a 13-year-old boy he knew, and suffered a serious blow to his reputation. .

Nonetheless, Jackson deduced that 7.5 of 'ma', 6.0.4 of 'cl', and 0.3 of 'son' were brought into the limelight as a world-class singer as the 'King of Pop' by Gilwoon, who saved 7.8 in charge of 'fame'. do. The combination of good repairs and the ugly 1.5 is all over the name, so he died young in his early 50s, a young man full of ambition, even though he had wealth, fame, and talent.

While preparing for his comeback concert in 2009, Jackson suffered a heart attack at his home on June 25 and was taken to a hospital in Los Angeles, where he died. However, the cause is clearly demonstrated in his horoscope of the 2009year fortune.

In addition to having such a fateful factor in the origin of the name, and again in 2009, it was strongly expressed, that is, the 1.5 of the ugly energy of depriving wealth was doubled in fortune, so it eventually led to death. As such, the fateful factor that appears in the name works with frightening precision.

스캔들 메이커로 유명한 배우

81년생
94 525 325 516
패 릴 힐 튼
94 525 325 516

패릴 힐튼은 전 세계에 체인을 두고 있는 힐튼 호텔(Hilton Hotel)의 상속녀로 유명한 배우다. 2021년 사업가 겸 방송인 카터 리움과 교제 1년여 만에 약혼하고 결혼까지 했다. 이 또한 '패'의 9.4가 말해주듯, 40번째 생일에 프러포즈를 받았는데 10억 원이 넘는 다이아몬드 반지로 큰 화제가 되었다. 아울러 '릴'의 5.2.5는 태어나면서부터 호화로운 인생을 말해주고 있을 뿐 아니라 어린 시절부터 각종 사업을 시작하는데 일등공신의 수리배합으로 한몫했다.

한동안 그녀는 미국 최고의 막장 자리를 놓고 린제이 로한과 경쟁을 벌였지만 패릴의 유명세를 딛고 그 불명예스러운 승리는 모두 린제이 로한이 차지했다. 이러한 스캔들도 알고 보면 이름에서 발현되는 기운 때문이라 할 수 있다.

패릴 힐튼는 81년생이다. 81년생은 천간과 지지가 같아 이름이 좋으면 두 배로 좋고 흉하면 두 배로 흉하다. 그러다보니 '패'의 9.4는 숨은 남자도 되지만 명성도 된다. 연예인한테의 명성은 인기와 비례하기 때문에 돈과도 연결된다. 9.4의 영향 때문인지 파티광으로 소문이 났다. 보통 사람이라면 지쳐 쓰러질 법도 한 호화 파티를 비행기 타고 미국 각지를 이동하며 즐기는 것도 어떻게 보면 '릴'의 3.2.5의 영향 때문이라 할 수 있다.

영화배우로서 재능이 있기에 앞서 TV 프로그램에 패릴에 관련된 스캔들이 자주 등장하다보니 그녀가 출연한 영화는 그로인한 흥행에 항상 실패했다. 뿐만 아니라 그녀의 파티 스케줄은 거의 전국구 정치인들과 맘먹을 정도로 거의 매일 있다시피 한데 얼핏 보면 약해 보이지만 의외로 체력이 강하다보니 그 많은 바쁜 일정을 전부 소화해 내고 있다고 한다. 이 또한 이름 전체에 자기 세력을 나타내는 1.2가 많은데다 나를 생해주는 9.9가 있기 때문이다.

아울러 5.2.5의 수리와 5.1.6의 수리가 반복되어 있어 상속녀로서 엄청난 재력을 갖추고 있지만 '힐'의 3.2.5의 수리 때문인지 그것도 자비로 파티를 즐기다보니 거기에 들어가는 비용이 일반인들은 상상도 못할 정도로 엄청난 금액이라고 한다.

또한 그녀는 상속녀로서 많은 재산을 물려받았지만 보통 사람들이 취미로 하는 게임 프로게이머를 그녀는 직업으로 할 정도로 그에 따른 지출도 천문학적이 숫자라고 한다.

이와 같이 미국 사람들은 어쩌다 한번 즐기는 파티를 그녀는 날마다 즐기고 있는데 그녀가 파티를 즐기는 이유가 바로 하나의 비즈니스라 생각하기 때문이다. 호화 파티에 특정 상품을 들고 나와 자신의 모습과 함께 사진 찍히는 것을 즐기는 그런 행동 또한 '패'의 9.4의 배합 때문이다. 9.4의 수리는 숨은 명성이 되는데 연예인한테는 바로 인기가 숨은 명성으로 직결되는 좋은 배합의 작용이다. 따라서 패릴 힐튼은 엄연한 사업가다. 그러므로 '릴'의 5.2.5는 재물적인 운세로 가장 좋은 배합에 해당하기 때문에 무리다 싶을 정도로 파티를 벌이는 것도 어떻게 보면 하나의 마케팅 수단으로 일종의 사업수완이라 할 수 있다.

한때 패릴 힐튼이 수감되었다 출소하는 일로 온 언론에서 앞다투어 경쟁하는 바람에 정작 중요한 뉴스가 뒤로 밀릴 정도로 스캔들 메이커로 유명한 배우지만, 재미있는 사실은 그녀 자신이 신문이나 뉴스에 자기에 대한 스캔들이 가십거리로 오르내리는 것을 매우 즐긴다는 후문도 있다.

Actor famous for Scandal Maker

81 years old
94525 325516
Parryl Hilton
94525 325516

Parryl Hilton is an actress famous as the heiress of the Hilton Hotels chain, which has branches all over the world. In 2021, she got engaged and even married after about a year of dating Carterium, a businessman and broadcaster. Also, as the 9.4 of her 'Parril' indicates, she proposed to her on her 40th birthday, and she became a hot topic with her diamond ring worth over 1 billion won. In addition, 5.2.5 of 'Lil' not only tells of her luxurious life from the time she was born, but also contributed to starting various businesses from her childhood as a first-class combination.

For a while, she competed with Lindsay Lohan for the

top spot in America, but it was Lindsay Lohan who took all of those ignominious victories over her parry fame. If you know these scandals, it can be said that it is because of the energy that is expressed in the name.

Parryl Hilton was born in 1981. People born in 1981 are twice as good if they have a good name and twice as ugly if they are ugly. As a result, the 9.4 of 'Pae' becomes a hidden man, but also a reputation. Because a celebrity's fame is proportional to her popularity, it is also linked to her money. Perhaps because of the influence of 9.4, it was rumored to be a party maniac. In some ways, it can be said that it is because of the influence of 'Lil' 3.2.

Prior to her talent as a movie star, her TV programs often featured scandals related to Parril, so the films she appeared in always failed at the box office. Not only that, but she has her party schedule almost every day, with politicians from all over the country. She seems weak at first glance, but surprisingly has strong stamina, so she says that she manages all that busy schedule. This is also because there are many 1.2s in her entire name, which represent her power, and there is a 9.9 that gives birth to me.

In addition, the repairs of 5.2.5 and 5.1.6 are repeated, so she has tremendous wealth as an heiress, but perhaps because of the repair of 3.2.5 of 'Hill', she also enjoys the party at her own expense, so the cost of it is unimaginable to the general public. It is said to be an unbelievable amount.

In addition, she inherited a lot of wealth as an heiress,

but the amount of money she spends on it is said to be astronomical, to the extent that she makes a game pro gamer, which is what ordinary people do as a hobby.

Like this, she enjoys a party that Americans enjoy once in a while, and the reason she enjoys a party is because she thinks it is a business. The act of enjoying taking a picture of yourself with a certain product at a luxury party is also due to the combination of 9.4 of 'hand'. The repair of 9.4 becomes a hidden reputation, but for celebrities, popularity is directly linked to hidden reputation, which is a good combination. Paryl Hilton is, therefore, an outright businesswoman. Therefore, since 5.2.5 of 'Lil' is the best combination for financial fortune, having a party to the point of being unreasonable can be said to be a kind of business skill as a marketing tool in a way.

An actor who is famous as a scandal maker to the extent that important news is pushed back due to fierce competition in the media for Parryl Hilton's release from prison, but the interesting fact is that she herself makes scandals about herself in newspapers and news gossip. There is also a back door that he enjoys going up and down very much.

왜 젊은 영계만 좋아하는가!

1958년생
75 373 35
마 돈 나
75 373 35

1958년생인 마돈나가 육십 중반의 나이임에도 불구하고 지금껏 숱한 할리우드 스타들과 열애를 이어가고 있다는 추문이 무성하게 나돌고 있다.

왜 그런가?

그 이유도 이름에서 충분히 엿볼 수 있다. 여성의 이름에 자식(자궁)을 나타내는 3.4가 많으면 자궁이 뜨겁다. 뿐만 아니라 이러한 3.4가 남편을 나타내는 7.8을 위. 아래서 극하면 한 남자와 지속적으로 교제하지 못하고 싫증을 빨리 느끼게 된다. 이와 같은 요건을 모두 갖춘 이름이 바로 '마돈나'의 이름이다보니, 그 뜨거운 자궁을 해소시켜줄 화끈하고 정열적인 젊은 남자만을 선호할 수밖에 없다.

따라서 이러한 이름의 영향 탓에 그중에서 특히 20대 연하남만 좋아한다는 소문이 났고, 그래서 '연하남 킬러'라는 루머가 나돌 정도로 마돈나는 36세 연하였던 남자친구 알라마릭 윌리엄스와 이별하고 얼마 지나지 않아 곧바로 23세 모델 앤드류 다넬(Andrew Darnell)과 연애를 시작했다고 영국 일간 미러(Mirror)가 전했다. 이들은 맨해튼 식당 미스터 프렌치(Mister French)에서 밤새 춤을 추고 셀카를 찍었다고 했고, 개중에 일부 고객은 마돈나와 새 남자친구가 술을 마시는 장면을 목격했는데 공공장소에서 서로 껴안고 키스를 나누는 애정행각을 벌이면서도 주변의 시선을 전혀 의식하지 않았다고 한다. 일부에선 잡지 촬영 차, 둘이 만남을 갖다가 연인으로 발전한 것이라는 추측도 있고, 또한 전 연인이었던 윌리엄스와 헤어진 것도 다투다 헤어진 것이 아니라 다만 마돈나가 열정이 식어 그냥 자연스레 결별한 것이란 얘기도 있다.

 마돈나는 가이 리치와의 사이에서 아들 로코 리치를 낳았지만 지난 2008년 이혼을 했다. 가이 리치는 2016년 마돈나와 불화를 겪고 부친이 있는 영국 런던으로 떠났다가 이후 화해했다고 전했다. 그래선지 마돈나의 생일에 가이 리치가 참석해 이탈리아의 호화파티에서 둘이 다정하게 인증 샷을 남긴 사진도 언론에 남겼다.

 무엇보다 마돈나의 이름에 자식을 나타내는 3.4가 많다 보니, 전 남친이었던 카를로스 레옹과의 사이에서 1996년생 딸 루데스를 낳았고, 가이 리치와의 사이에서 아들 로코 리치를 낳았지만 데이비드, 멀시 제임스, 스텔라, 에스테르 등 네 자녀를 입양할 정도로 자식에 대한 욕심 또한 많다.

 이름에 3.4가 많으면 성정이 착해 남에게 베풀기를 잘하지만, 자기의 뜻이 관철되지 않으면 '욱'하는 성격으로 주위를 불안하게 하거나 돌발적인 행동으로 주변에 빈축을 사기도 한다.

따라서 마돈나의 이름을 전체적으로 분석해 보면, '마'의 5.7에서 예시하듯 가수로서 부와 명성은 크게 얻었지만, '돈' 3.7.3의 영향으로 결혼과 이혼을 반복적으로 경험하는 불운도 함께 겪었다고 볼 수 있다.

여성의 이름에 남편을 나타내는 7.8이 자식을 나타내는 3.4가 위. 아래서 극하면 남편 덕이 없다. 그러다보니 부부가 끝까지 해로하기 어렵고 또 열 번을 재혼한다 해도 열 번 다 이별수를 겪게 된다. 그래선지 그녀는 두 번의 결혼에 실패하고 나서, 인터뷰에서 결혼 자체가 그녀에게 가장 후회되는 일이었다고 고백했다.

이와 같이 이름의 예시처럼 마돈나는 1985년 두 살 어린 숀팬과 결혼하고 4년 후 이혼, 그리고 11년 후 그녀보다 10살 어린 가이 리치와 마흔 한 살에 결혼하고 둘 사이에 아들이 태어났지만 결혼생활 그 자체가 구속이라 표현하면서 결국 8년 만에 이혼도장에 마침표를 찍었다. 어떻게 보면 '마돈나'의 이름에 남편을 나타내는 7을 중첩된 3.3이 이를 양쪽에서 극하는 남편 덕 없는 3.7.3.3의 이름 때문이라 할 수 있다.

그녀는 2018년 이혼하고 그 다음해 바로 자신의 심정을, '앞으로 결혼식장에 다시 들어가느니 차라리 기차 길에 뛰어들겠다.'고 할 정도로 결혼에 대한 고충을 이렇게 분명하게 밝혔다.

무엇보다 육십 중반의 나이인 현재까지 왕성하게 활동 할 수 있었던 것도, '마'의 명성을 나타내는 7을 재물 5가 상생시켜주는데다 재능 3이 이러한 재물 5로 연이어 상생시켜 주고 있다. 그런데다 '나'의 3.5가 또 다시 이를 반복적으로 나타나고 있다 보니 세계적인 가수로 명성을 날릴 수 있었다. 특히 그녀가 태어난 해는 천간 지지가 똑같은 해에 해당하다보니 이러한 특성이 두 배로 나타나고 있다.

Why do you only like younger men?

Born in 1958
75 373 35
Ma don na
75 373 35

Despite being in her mid-sixties, Madonna, who was born in 1958, has been rumored to be dating a number of Hollywood stars.

Why?

The reason can be seen enough from the name. If there are many 3.4 in a woman's name, indicating a child (womb), the uterus is hot. As well as above 7.8 where these 3.4 represent the husband. If you play below, you will not be able to keep a relationship with a man and you will quickly get tired of her. Since 'Madonna' is a name that meets all these requirements, she cannot help but prefer hot and passionate young men who can relieve her hot womb.

Therefore, because of the influence of this name, there was a rumor that she liked only men in their twenties, and that is why Madonna broke up with her boyfriend Alamaric Williams, who was 36 years younger than her, and soon after breaking up with her boyfriend Allamaric Williams, she was 23 years old. The British daily Mirror reported that she started dating model Andrew Darnell. They said they danced all night and took selfies at Mister French, a Manhattan eatery, while some patrons witnessed Madonna and her new boyfriend drinking, hugging and kissing each other in public. He said he was completely unaware of the gazes around him. Some speculate that the two met while filming for a magazine and then developed into a couple. Also, it is said that the breakup with former lover Williams did not break up after an argument, but that Madonna just naturally broke up because her passion cooled.

Madonna had a son, Rocco Richie, with Guy Ritchie, but they divorced in 2008. Guy Ritchie said that after a feud with Madonna in 2016, he left for London, England, where her father lived, and later reconciled. Maybe that's why Guy Ritchie attended her Madonna's birthday and left a photo of the two of them affectionately taking a certified shot at a luxurious party in Italy.

Above all, Madonna's name has a lot of 3.4, which indicates children, so she gave birth to a daughter, Rudes, born in 1996 with her ex-boyfriend, Carlos Leon, and a son, Rocco Richie, with Guy Ritchie, but David,

Mercy James, Stella, and Esther. He also has a lot of greed for children, enough to adopt four children.

If there are a lot of 3.4 in her name, she has a good temperament and is good at giving to others, but if her will is not carried out, she has a 'wook' personality that makes people around her uneasy or acts unexpectedly. I also buy frowned upon.

Therefore, if Madonna's name is analyzed as a whole, as exemplified by 5.7 of 'Ma', she gained great wealth and fame as a singer, but also experienced the misfortune of repeatedly experiencing marriage and divorce under the influence of 'Money' 3.7.3. can be seen

Above her female name is 7.8 representing her husband and 3.4 representing offspring. If she plays below, her husband has no virtue. As a result, it is difficult for her husband and wife to end the relationship, and even if she remarries 10 times, she will end up breaking up ten times. So, after her two failed marriages, she confessed in her interview that her marriage itself was her biggest regret.

As such, as the example of the name, Madonna married Sean Pan, two years younger than her, in 1985, divorced four years later, and married Guy Richie, ten years younger than her 11 years later, at the age of forty-one, and had a son between them, but their marriage life Expressing itself as a restraint, they finally put an end to the divorce stamp after 8 years. In a way, it can be said that the 3.3 overlapping the 7 representing the husband in the name of 'Madonna' is due to the name of 3.7.

She divorced in 2018 and the year after, she made her grievances about her marriage so clear that she said, 'I'd rather jump on the train tracks than go back to the wedding hall in the future.'

Above all, she has been able to actively work until now, when she is in her mid-sixties, because 7, which represents the reputation of 'Ma', is coexisted with wealth 5, and talent 3 is continuously coexisting with these wealth 5. However, as 3.5 of 'I' appeared again and again, she was able to gain fame as a world-class singer. In particular, since the year of her birth corresponds to the same year as her celestial branch, these characteristics appear twice.

영화 같은 인생을 살다간 스티브 잡스

1955년생
65 96 35 523 65
스 티 브 잡 스
09 30 79 967 09

2011년 10월 5일. 애플의 공동 창업주이자 전 CEO, 21세기를 움직인 혁신의 아이콘 스티브 잡스가 우리 곁을 떠났다. 평생을 신비주의로 일관하던 그는 죽음을 앞두고 자신의 유일한 공식 전기 『스티브 잡스』를 써 달라고 요청했다. 그것은 아마도 평생 살아오면서 쌓은 '약간의 지혜'를 세상에 남기고 싶어서였을 것이다. 그로인해 그의 전 생애가 우리의 삶을 전부 디지털 시대로 바뀌게 한 혁신의 원천임을 전기에서 최초로 밝혔다. 1955년생인 스티브 잡스의 이름을 풀이해 보면, '스' 6.5와 '티' 9.6에서 보여주듯이 중첩된 재물 5.6이 학문 9.0을 상극하여 학문과 인연이 없다. 또한 9.0은 모친에 해당하는데 이렇게 되면 편부나 편모슬하에 자라게 된다. 그래선지 그의 환경 또한 양부모 밑에서 성장

했다고 한다.

그렇지만 재능을 나타내는 '브'의 3.5은 지혜와 총명의 별로 성장하면서 그 진가를 발휘하게 된다. 따라서 재능 3이 재물 5를 생해주므로 천문학적인 부(富)를 거머쥐는데 3.5의 수리가 한 몫한 셈이다. 그래선지 잡스는 6개 산업 부문에서 놀라운 혁명을 일으킨 창조적 기업가이자 기술과의 소통 방식을 바꾼 미디어 혁명가라는 칭호를 얻었다.

더욱 좋은 것은 '잡'의 5.2.3은 사업적인 재물 5가 '브'와 '잡'의 5와 중첩되어 있는 것이 불길한데, 이를 자신의 세력을 나타내는 2가 극제 시켜주면 흉중의 길로서 그 작용력이 매우 좋게 나타난다. 아울러 2가 3을 보면 재물로 이어지는 길한 수리로 이 또한 재물적인 운세의 왕성함을 보여주는 이름이다. 따라서 잡스야말로 기술의 대중 친화력을 중시한 기술의 미니멀리스트이자 기술과 인문학을 결합시킨 디지털 철학자로 자리매김한 공로가 매우 크다. 그리고 그는 끝없는 열정에 미친 남자였고 그랬기에 그가 꿈꾸고 계획했던 모든 것들을 다 일구어낸 그야말로 이 시대의 영웅이다.

그러나 다만 '스'의 6.5는 중첩된 재물을 억제시켜주는 1.2가 없는 것이 흠이 되어 악재가 되다보니 뜻하지 않게 재물의 손재를 보게 된다. 이러한 이름의 흉한 기운 때문인지 회사경영의 실패와 판매부진의 책임을 지고 1985년에 잡스는 애플서 물러났다.

무엇보다 잡스의 생애는 그동안 많은 전기 작가들이 탐내는 소재였고, 실제로 대부분의 작가들이 그의 허락 없이 그의 인생 역정을 조명한 서적을 출간하기도 했지만 그런 류의 전기가 나올 때마다 잡스는 불쾌감을 감추지 못했다. 그래서 해당 출판사의 다른 책들까지도 애플 스토어에서 모두 치워 버리라고 지시할 정도였다.

그리고 아직은 아쉬운 나이라 할 수 있는 오십대에 암으로 세상을 떠난 것도, 후천운을 주관하는 운에서 중첩된 학문 9.0이 재능의 별인 지혜 3.4을 집중적으로 공격하여 그의 천재적인 두뇌를 죽음이란 결과로 영원이 마비시켜 나타낸 것도 어떻게 보면 이름에 그 원인이 있다. 그러한 죽음 앞에서 비로소 잡스의 전기가 생각보다 일찍 세상에 선보이게 된 것도, 중첩된 재물 5.6이 수명을 나타내는 9.0을 양쪽에서 서로 파괴한 때문이다.

아울러 그의 전기에는 그를 둘러싼 애플의 창업 과정과 경영철학을 비롯한 그의 사업과 실리콘밸리에서 보낸 어린 시절의 모습까지 그야말로 스티브 잡스의 전 생애가 고스란히 담겨 있다. 그 누구보다 잡스는 암이 재발하여 죽음을 맞이하게 된 시점에서 자신의 허물과 약점을 그의 일대기에 조금도 숨김없이 나타내었고 그리고 그것을 부끄럽게 생각하거나 두려워하지 않았다.

그런데 안타깝게도 스티브잡스에 관한 많은 서적 중에 유독 그가 자신에 대해 직접 진술하고, 공식적으로 인정한 전기를 잡스만 단 한 줄도 읽지 못하고 세상을 떠나고 말았다. 그 누구보다 잡스는 자신의 지혜를 가감 없이 토해내므로 스스로의 마음을 죽음 앞에서 달래고자 했을 것이다.

그러기에 우리 스스로가 부끄러운 마음을 갖는 것은 깨닫는 것이요, 공경하고 두려운 마음을 갖는 것은 신(God)이 주는 마음에서다. 양심의 가책이란 바로 선(善)을 닦는 묘약으로 거기서부터 출발해야 잡스처럼 자기내면을 깊숙이 들여다 볼 수 있는 사람이 된다.

Steve Jobs lived a life like a movie

Born in 1955
659635 52365
 Steve   Jobs
093079 967 09

October 5, 2011. Steve Jobs, co-founder and former CEO of Apple, an icon of innovation that moved the 21st century, has passed away. Consistent with mysticism all his life, he asked to write his only official biography 『Steve Jobs』 ahead of his death. It was probably because he wanted to leave the 'a little bit of wisdom' he had accumulated throughout his life to the world. As a result, it was revealed for the first time in the biography that his entire life was the source of innovation that changed our lives into the digital age. If you interpret the name of Steve Jobs, born in 1955, as shown in 'S' 6.5 and 'T' 9.6, the overlapping wealth 5.6 is superior to the academic

9.0, so there is no relationship with academics. Also, 9.0 corresponds to the mother, which means that the child will grow up with a single father or single mother. So, it is said that his environment also grew up under his adoptive parents.

However, 3.5 of 'B', which represents talent, shows its true value as it grows into a star of wisdom and intelligence. Therefore, since talent 3 creates wealth 5, the repair of 3.5 played a part in acquiring astronomical wealth. Yes, Jobs has earned the title of a creative entrepreneur who has revolutionized six industries and a media revolutionary who has changed the way we communicate with technology.

Even better, 5.2.3 of 'Job' is ominous that 5 of business wealth overlaps with 5 of 'B' and 'Job'. This appears very good. In addition, if you look at 2 and 3, it is an auspicious repair that leads to wealth, and this is also a name that shows the prosperity of financial fortune. Therefore, Jobs is very much credited with establishing himself as a minimalist of technology who emphasized the affinity of technology to the masses and a digital philosopher who combined technology and humanities. And he was a man mad with endless passion, and because of that, he is truly a hero of this era who achieved everything he dreamed and planned.

However, only 's' 6.5 is a bad thing because there is no 1.2 that suppresses overlapping wealth, and it becomes a bad thing, so you see the wealth of wealth unexpectedly. Jobs resigned from Apple in 1985, taking responsibility for the company's management failure and sluggish sales, perhaps because of the bad vibes of this name.

Above all, Jobs' life has been a coveted subject of many biographers, and in fact, most writers have published books that shed light on his life's journey without his permission, but Jobs could not hide his displeasure whenever such a biography came out. It went so far as to order all other books from that publisher to be removed from the Apple Store.

And his death from cancer in his fifties, which can be said to be a regrettable age, is that the learning 9.0, which overlaps with the luck that governs the later fortune, intensively attacks the wisdom 3.4, the star of talent, and paralyzes his genius brain forever as a result of death. In a way, the reason for this is in the name. The reason that Jobs' biography was finally introduced to the world earlier than expected in the face of such death is because the overlapping wealth 5.6 destroyed 9.0, which represents life, on both sides.

In addition, his biography contains the entire life of Steve Jobs, including Apple's founding process and management philosophy surrounding him, his business, and his childhood in Silicon Valley. More than anyone else, Jobs openly revealed his faults and weaknesses in his biography at the time of his death due to a recurrence of cancer, and he was not ashamed or afraid of it.

Unfortunately, among the many books about Steve Jobs, only Jobs directly stated himself and officially acknowledged his biography, and he passed away without reading a single line. More than anyone else, Jobs would have tried to appease his own mind in the face of his death by spewing out his own wisdom without hesitation.

    Therefore, to have a heart of shame for ourselves is to realize, and to have a heart of respect and fear is from the heart given by God. Remorse is an elixir that cultivates goodness, and starting from there, you can become a person who can look deeply into your inner self like Jobs.

스티브잡스가 애플이 떠난 이유

```
1955년생(스티브잡스)         76년 설립
88  359                      99  682
애   플                       애   플
22  793                      11  804
```

길을 걷다보면 크고 작은 간판들이 수없이 눈에 띈다. 이들 점포들과 사업체를 합치면 이루 헤아릴 수 없을 정도로 많은 것이 사실이다. 그런데 어느 점포는 허술한 가운데 손님이 많은가 하면 어느 상점은 으리으리한 시설임에도 손님이 없어 썰렁한 기운이 감돌게 하는 느낌을 받게 하는 곳이 있다.

이를 자세히 들여다보면 한결같이 상호에서 그 원인이 있음을 알게 된다. 대부분 상호에 재물을 나타내는 5.6이 없거나 5.6이 있더라도 재물을 극하는 1.2가 중첩되어 재물이 극을 받고 있으면 또는 어느 한쪽으로 수리(육친)가 편중되어 있으면 파재가 이는 것을 종종 보게 된다. 재물을 파극하는 2.2와 1.1의 수리에서 예고하듯, 즉 사업이 부진할 수밖에 없는 상호의 수리배합으로

인해 일어난 현상으로 영업이 안되는 것은 물론 그로인해 망하는 이유의 원인이 된다.

이런 점을 미루어 볼 때 애플사의 상호 역시도 최대 주주라 할 수 있는 창업주 스티브 잡스의 생년과 비교할 때 중첩된 8.8을 3이 극제하므로 흉을 길로 전환시켜주므로 매우 좋은 상호에 해당한다. 8.8.3의 배합은 명성을 나타내고 또한 기술을 나타내는 3이 재물 5를 상생으로 이어주고 있어 더 없이 좋다. 아울러 76년도에 설립한 년도를 비교할 때 중첩된 9.9를 재성 6이 극제하고 이러한 재성 6이 다시 명성을 나타내는 8을 생해주므로 호재로 이어진다. 그러나 후천 운에서 똑같이 재물을 파극하는 중첩된 2.2와 1.1의 수리조합에 의해 성공과 실패가 반복되는 것을 알 수 있다. 그래선지 애플의 역사는 1976년 미국 캘리포니아주에서 스티브 잡스와 스티브 워즈니악 그리고 잡스의 친구이자 회사 동료였던 론 웨인 3명이 설립한 개인용 컴퓨터 제조회사에서 출발하였지만 그 중에 론 웨인은 주식지분을 마큘라한테 넘겨주었다.

애플은 1980년 주식시장에 상장되었고 애플Ⅱ가 성공하므로 캘리포니아 실리콘밸리에서 가장 성공한 회사로 평가받았다. 그로인해 잡스와 워즈니악, 마큘라는 억만장자가 되었다. 하지만 후속으로 개발된 애플 Ⅲ이 실패하면서 애플은 어려움을 겪게 되었다. 하지만 애플 Ⅱ의 지속적인 판매신장으로 회사의 실적은 계속 증가하였다. 1982년 매출 10억 달러를 달성하였다.

1983년 스티브 잡스의 딸 이름에서 따온 '리사'라는 컴퓨터를 개발하였으나 막대한 개발비에 비해 시장에서는 좋은 반응을 얻지 못했고 1986년 판매를 중지시켰다. 재물을 파극하는 스티브 잡스의 애플 2.2와 설립된 연도의 애플 1.1의 수리에서 예고하듯, 그로인해 1985년 애플의 경영실패와 판매부진의 책임을 지고 잡스는 회사에서 물러났다.

　따라서 이와 같이 사업을 시작할 때는 반드시 상호의 중요성을 인식하고 사업주와 맞는 것을 택해야 사업이 망하지 않는다.

　필자의 오랜 동안의 경험에 의하면 사업 운이 좋을 때 상호명이 좋으면 엄청나게 발전하고, 사업 운은 좋은데 상호명이 나쁘면 중간 정도의 현상을 유지하고 사업 운은 나쁜데 상호명이 좋으면 최소한 현상유지를 하게 되며, 사업 운이 좋지 않은데 상호명까지 나쁘면 거의 망하게 되는 경우를 종종 본다.

　좋은 운이야 문제될게 없지만, 나쁜 운일 경우 좋은 상호를 떠나 가급적 창업을 하겠다고 상담을 의뢰하면 하지 말 것을 종용한다. 타고난 운명은 태어나면서 불변의 명운을 받았기 때문에 그야말로 운명대로 살 수밖에 없다.

　그 이유가 인간은 감정적. 정신적인 다양한 차원의 많은 정보를 체계화 시켜 그 정보를 정리하고 축적하는 기운을 우주 안에 담고 있다. 이 정보들이 우리의 육체 밖에서 독립적으로 존재하면서 생성된 정보를 저장하는 우주홀로그램 즉 우리가 우주와 하나의 연결매체로 직결 된다. 다시 말해 우리의 삶 자체가 우주의 일부분에 해당하는 경험적 실체일 뿐이고, 우리가 눈으로 보고 확인하는 부분의 모습은 우주의 홀로그램의 간섭에 의해 운세의 향방이 결정되기 때문에 인간 자체가 곧 우주라고 생각하면 된다. 하지만 그에 앞서 실제로는 더 깊고 본질적인 차원의 운명의 간섭이 이 광대한 우주의 천기 속에서 우리에게 끊임없이 감응하면서 직. 간접적으로 사인을 보내고 있다. 이를 우주(하나님)의 마음 또는 우주심(宇宙心;하나님의 마음)이라 부른다. 이 우주심에는 우주공간에서 발생된 모든 파동의 기운이 하나로 뭉쳐진 다발로서 거대한 정보 저장소가 된다. 이 저장된 정보에 의해 소리에서 발생하는 모든 에너지가 우리의 운명에 직접적으로 간섭하며 우리의 삶을 이끌어 간다는 사실이다.

그러기 때문에 상호나 이름을 부를 때의 소리가 사업의 향방을 형성하고, 개인의 운명을 좌지우지하기 때문에 가볍게 여겨서는 안된다. 그 이유가 우주천기의 접속 안테나가 사업주의 운세와 상호가 서로 맞물려 운이 어우러져 가기 때문이다. 그래서 우리 인간은 광대무변한 우주의 얽혀진 정보망에 의해 상호나 이름을 부를 때 그 소리(音波)가 정보다발과 끊임없이 감응하면서 간섭하기에, 그래서 사업을 시작할 때는 반드시 상호의 중요성을 인식하고 사업주와 맞는 상호나 이름을 택해야 한다.

Why Steve Jobs left Apple

Born in 1955 (Steve Job)	Established in 1976
88359	99682
apple	apple
22793	11804

As you walk down the street, you will see numerous signboards large and small. When you add these stores and businesses together, it is true that there are too many to count. However, some stores have a lot of customers in the middle of the day, and some stores have no customers even though they are luxurious facilities, so there is a place where you can feel a sense of low energy.

If you look closely, you will find that the cause is always in the mutual. In most cases, if there is no 5.6 indicating wealth, or even if there is 5.6, 1.2 that maximizes wealth overlaps and the wealth is polarized, or if the combination is biased to one side, it is often seen that breakage occurs. As predicted in the repair of 2.2 and 1.1, which limit wealth, it is a phenomenon caused by mutual mixing that inevitably leads to sluggish business.

Considering this point, the name of Apple is also a very good name because it turns evil into a road because 3 suppresses the overlapping 8.8 when compared to the birth year of founder Steve Jobs, who can be said to be the largest shareholder. The combination of 8.8.3 is perfect because 3, which represents reputation and technology, connects wealth 5 to win-win. In addition, when comparing the year of establishment in 1976, money 6 suppresses the overlapping 9.9, and this money 6 creates 8, which represents reputation, leading to good news. However, it can be seen that success and failure are repeated due to the overlapping combination of 2.2 and 1.1 that equally destroys wealth in the later luck.

Yes, Apple's history began in 1976 in California, USA, as a personal computer manufacturer founded by Steve Jobs, Steve Wozniak, and Ron Wayne, a friend and colleague of Jobs, but among them, Ron Wayne handed over his shares to Macula.

Apple was listed on the stock market in 1980 and was evaluated as the most successful company in California's Silicon Valley because of the success of the Apple II. As a result, Jobs, Wozniak, and Markula became billionaires. However, as the successor developed Apple III failed, Apple suffered difficulties. However, the company's performance continued to increase thanks to continued sales growth of the Apple II. Achieved $1 billion in sales in 1982.

In 1983, a computer named 'Lisa', named after Steve Jobs' daughter, was developed, but it did not receive a good response from the market compared to the enormous development cost, and sales were discontinued in 1986. As predicted by Steve Jobs' Apple 2.2 destroying wealth and the repair of Apple 1.1 in the year of its establishment, Jobs withdrew from the company in 1985, taking responsibility for Apple's management failure and poor sales.

Therefore, when starting a business like this, you must recognize the importance of each other and choose the one that suits the business owner so that the business does not fail.

According to my long experience, when business luck is good, if the business name is good, it develops tremendously, if business luck is good but the business name is bad, the status quo is maintained in the middle, if business luck is bad but the business name is good, at least the status quo is maintained. Unlucky, but if the mutual name is bad, I often see cases where it almost goes bankrupt.

Good luck is not a problem, but in the case of bad luck, if you ask for advice to start a business as much as possible, leaving a good business name, we urge you not to do it. Since the innate destiny was given immutable fate at the time of birth, there is no choice but to live according to the destiny.

The reason is that humans are emotional. It contains

energy in the universe that organizes and accumulates a lot of information from various mental levels. The space hologram stores the information created while this information exists independently outside of our bodies, that is, we are directly connected to the universe as a connecting medium. In other words, since our life itself is only an empirical substance that corresponds to a part of the universe, and the direction of fortune is determined by the interference of the hologram of the universe, the appearance of the part we see and check with our eyes is determined by the interference of the hologram of the universe. You can do it. But before that, in reality, the interference of fate of a deeper and more essential dimension constantly responds to us in the heavenly spirit of this vast universe. I am sending a sign indirectly. This is called the mind of the universe (God) or the mind of the universe (God's mind). In this cosmic heart, the energy of all the waves generated in outer space is a bundle that is united as one, and becomes a huge information repository. It is true that all the energy generated from sound by this stored information directly interferes with our destiny and leads our lives.

Therefore, the sound when calling a business name or name should not be taken lightly because it shapes the direction of business and determines the fate of individuals. The reason for this is that the connection. The connection antenna of the spacecraft is intertwined with the business owner's fortune and mutual luck. So, when we call a company name or name by the entangled information network of the vast universe, the sound constantly responds and interferes with the information bundle, so when starting a business, we must recognize the importance of each other and choose a business name or You must choose a name.

흑인이지만 대통령이 된 이름

1961년생
94 588 40 98 08
버 락 오 바 마
72 366 28 76 86

케냐 출신 아버지와 미국인 어머니 사이의 혼혈아로 태어나, 어린 시절 손가락질을 받고 마약에까지 손을 댔던 열등감에 가득 찼던 소년이었던 버락 오바마가 희망을 가슴에 품고 하버드 법대를 졸업했다. 그리고 지역 활동가와 인권변호사를 거쳐 주 상원의원과 연방 상원의원을 두루 거치다가 정치입문 12년 만에 44대 미국 대통령에 올랐다. 그러한 버락 오바마의 이름을 풀이해 보면, 확실히 이름에서도 그 위력을 알 수 있다.

아랍어로 '축복받은'이란 의미를 지닌 '버락'이라는 이름을 물려받았지만, 이 이름을 쓰기 이전 오바마는 고등학교 때까지 '배리'라는 이름으로 불리워졌다.

그런데, '배' 0.4와 '리' 5.1의 이름을 풀이해 보면, 0.4의 배합은 비록 상극관계이나 흉한 특성의 4가 0에 극제시켜 대길한 배합으로 바뀐 것이 이 배합의 특징이다. 그러나 5.1은 일찌감치 부모와 이별을 뜻하는 흉한 기운의 수리에 해당되므로 그리 순탄치만은 않은 어린 시절을 보냈음을 알 수 있다.

그래서인지 오바마는 1961년 8월 4일 **하와이 호놀룰루**에서 당시 하와이 대학으로 유학 온 케냐 출신의 흑인 아버지 오바마와 캔자스 출신의 인류학도였던 백인 어머니 스탠리 앤 던햄과의 사이에서 태어났지만, 부모는 오바마가 두 살 때 이혼했다. 어머니는 그 후 인도네시아 남자와 재혼하면서, 오바마는 유년기 4년을 그곳에서 보냈고, 어머니의 두 번째 결혼이 다시 파경에 이르면서 외조부모와 살게 되었다. 흑인 아버지, **인도네시아**인 양부, 백인 어머니, 거기에 이슬람교가 지배적인 인도네시아의 생활과 미국이면서도 미국이 아닌 하와이에서의 어린 시절, 다양한 인종과 종교로 얽혀 있던 이부와 이복형제들 속에서 극심한 정체성 갈등을 겪으면서 마약까지 접하게 됐던 이유도, 배 0.4와 리 5.1의 '배리'라는 이름에서 그 연유를 알 수 있다.

물론 이 같은 내적 갈등과 방황이 오히려 훗날 그에게 문화적 이해와 관용의 토양을 만들어준 양분이 됐다는 평가도 있지만, 어쨌든 이름에서 불러지는 이름의 파장은 그만큼 대단하다 할 수 있다.

아울러 '버' 0.4, '락' 5.8.8에 해당되는 4의 특성은 상관성으로 인해 감수성이 예민하고 연구심이 강한 반면 신경질적인 성품으로 고독, 허무, 실패, 불안 등의 특성을 갖게 된다. 이는 타인의 속박을 싫어하고 반항심이 강해 나를 억압하려는 사람에겐 무섭게 대항하는 기운이 강할 뿐 아니라 염세적인 일면도 지니고 있다.

성인이 되고 나서부터 '버락'이란 이름보다 성에 해당하는 '오바마'로 더 많이 불리고 있지만 청년 시절 즐겨 부르는 '버락'이란 이름 또한, 이렇듯 그의 젊은 시절도 결코 순탄치만은 않았음을 보여주고 있다.

무엇보다 이러한 강한 특성의 4를 학문의 별인 0이 억제시켜주어, 지혜가 총명하고 학구적이며 온후 단정하면서도 때로는 차갑고 냉정한 면을 갖추게 해주고 있다.

4의 기운은 두뇌회전이 빠르기 때문에 상대방의 사소한 동작이나 행동에서 그 사람을 꿰뚫어보는 능력을 가졌을 뿐만 아니라 이러한 강한 특성의 기운을 학문 0이 억제시켜주면 뛰어난 재능과 성실한 인품으로 부귀와 공명이 따라 만인의 존경을 받게 되는 기운을 나타내게 된다.

오바마는 고등학교를 마친 뒤 **로스앤젤레스**에 있는 옥시덴틀 대학에 들어가 반(反) 아파르헤이트(인종차별정책) 집회에 참가하면서 처음으로 정치활동에 관심을 갖기 시작했다. 고등학교까지 사용해오던 '배리'라는 이름 대신 '버락'을 사용하기 시작한 것도 이때부터다. 무엇보다 이름에서 첫소리 글자가 0으로 시작될 때 귀한 배합에 해당되는 것이지, 3,4가 첫소리 일 때는 명예가 다소 감면되는 경우가 있다. 따라서 이러한 배합의 특성을 살펴보면 공명이 따르고 지혜가 뛰어나며 만인이 우러러 보는 대인군자의 배합에서 많이 나타나게 된다. 그래서인지 솔직함과 진정성으로 대중의 마음을 사로잡았고, 미국인들이 가장 갈구하던 화두인 '변화'를 내세워 흑색 돌풍을 일으킨 그를 향해, '검은 케네디'라고 부를 정도로 그 인기가 대단했다. 그로인해 미국 제44대 대통령이자, 미 건국 232년 만에 첫 흑인 대통령이 된 그의 47년 인생 여정은 굴곡 많은 한편의 인간 승리 드라마였다. 거기에는 '버 0.4. 락 5.8.8'로 이어지는 0.4의 귀중한 배합과 재능의 4가 재물 5로 상생되면서 이러한 5가 또 다시 명예를 주관하는 5.8.8

로 이어진 때문이다. 뿐만 아니라 중첩된 명예 '8.8'을 '오 4.0'에서의 4가 억제시켜주어 명예를 주관하는 8을 살려 준 공로가 있는 것 같아 보이지만 실상을 그렇지가 않다. 그에 앞서 성(姓)에 해당하는 오바마의 〈40. 98. 08〉로 이어지는 배합은 명예 8이 학문인 0을 상생으로 이어져 학문에 대한 욕구가 강하게 발현된 때문이다. 그래선지 시카고 지역 활동과 거기서의 생활을 통해 진정한 지역 환경 변화를 위해 국가의 법과 정치체계를 변화시켜야 한다는 사실을 깨닫고, 뒤늦게 하버드 법대 대학원에 진학하여 법학박사를 받고 변호사가 되었다. 그는 하버드 법대를 졸업한 후 풍족한 생활이 보장되는 로펌을 포기한 채 시카고로 돌아와 인권변호사로 활동했다. 그러면서 시카고대학 법대에서 헌법을 가르치며 미래를 차근차근 준비해 나간 것도 어떻게 보면 오바마의 이름에서 잘 말해주고 있다.

1996년 일리노이 주 상원의원에 당선되면서 정치에 본격적인 발을 디딘 그는 2000년 연방하원의원 선거에 낙선하면서 다시 고난의 시절을 보내기도 했지만, 2004년 여름 보스턴에서 열린 **민주당** 전당대회에서 존 케리 민주당 대선 후보 지지연설을 하면서 일약 전국적 정치인의 반열에 오르게 되었다. 당시 그는 '미국인은 모두 하나'라는 기조연설을 통해 민주당 대의원은 물론, 전국 시청자들의 주목을 받으며 스타 정치인이 되었다. 그리고 곧이어 대선과 함께 치러졌던 상원의원 선거에서 70%의 득표율로 미국 역사상 흑인으로는 세 번째이자, 현역으로는 유일한 흑인 연방 상원의원이 됐다. 이 또한 '버0.4. 락5.8.8'은 재물인 5가 명예인 8을 상생시켜주어 처덕이 있음은 물론 재물적 풍요도 어느 정도 가늠할 수 있다. 이렇듯 이름에서 나타내주고 있듯이 하버드 법대시절 시카고에 있는 법률회사에서 연수를 하면서 부인이 된 미셸 로빈슨을 만나 결혼해 지금에 이르기 까지 부인의 내

조 또한 대단했다고 볼 수 있다. 부인인 미셸은 흑인 소방관 가정에서 태어나 프린스턴 대학과 하버드 법대를 나온 재원으로 누구보다 대선에서 오바마의 정체성에 회의적 반응을 보였던 흑인표를 결집시키는데 큰 몫을 했다. 오바마는 2008년 1월 처음으로 시작된 대선후보 경선인 아이오와 코커스(당원대회)에서 최대 경쟁자였던 힐러리 클린턴 상원의원을 꺾고 승리를 잡은 뒤, 그 여세를 몰아 민주당의 첫 흑인 대통령으로 공식 지명되었다. 그러면서 그의 인생역정은 열등감을 희망으로 바꾸고 목표를 향해 쉼 없이 나아가는 끝없는 열정으로 이어졌다.

무엇보다 '버락'이라는 이름에서 또는 '오바마'라는 성에서 나타나 있듯이 그의 인생여정은 어린 시절의 굴곡 많은 삶과 함께 성공은 이미 예고된 예정표라 할 수 있다. 따라서 이러한 인생 역전은 오바마 개인의 성공 스토리가 아닌 전 세계인의 희망 스토리가 되는데 부족함이 없음을 증명하고 있다.

A black man, but a name that has no choice but to be president

Born in 1961
94 588 40 98 08
Barack Obama
72 366 28 76 86

 Barack Obama, a mixed-race child of a Kenyan father and an American mother, was pointed at as a child and was filled with an inferiority complex who even took drugs. Barack Obama graduated from Harvard Law School with hope in his heart. And he passed through a local activist and human rights lawyer, then a state senator and a federal senator, and became the 44th president of the United States after 12 years of entering politics. If you analyze the name of such Barack Obama, you can certainly see the power of the name.
 He inherited the name 'Barack', which means 'blessed' in Arabic, but before taking this name, Obama was called

'Barry' until high school.

By the way, when interpreting the names of 'Bae' 0.4 and 'Li' 5.1, the combination of 0.4 is a characteristic of this combination, although it is in a contradictory relationship, but it is changed to a great combination by maximizing the ugly characteristics of 4 to 0. However, since 5.1 corresponds to the repair of ugly energy, which means separation from parents early, it can be seen that he had a difficult childhood.

Perhaps because of this, Obama was born in Honolulu, Hawaii, on August 4, 1961, to a black Kenyan father, Obama, who was studying at the University of Hawaii at the time, and a white mother, Stanley Ann Dunham, an anthropologist from Kansas. Divorced. His mother then remarried to an Indonesian man, and Obama spent four years of his childhood there, then moved to live with his maternal grandparents as his mother's second marriage broke up again. A black father, an Indonesian adoptive father, a white mother, life in Indonesia dominated by Islam, childhood in Hawaii, which is an American but not an American, and experiencing extreme identity conflict among half-brothers and half-brothers of various races and religions. The reason why he came into contact with drugs while doing so can be found in the name of 'Barry' of Pear 0.4 and Lee 5.1.

Of course, there is an evaluation that this internal conflict and wandering rather became the nourishment that made the soil for cultural understanding and tolerance later on, but anyway, the ripple effect of the name called by the name can be said to be that great.

In addition, the characteristics of 4, corresponding to 'burr' 0.4 and 'rock' 5.8.8, are sensitive due to correlation and have a strong research spirit, but have characteristics such as loneliness, futility, failure, and anxiety as a nervous personality. It hates the bondage of others and has a strong rebellious spirit, so it not only has a strong energy to resist those who try to oppress me, but also has a pessimistic side.

Since he became an adult, he has been called "Obama," which corresponds to his surname rather than "Barack," but the name "Barack," which he likes to call as a young man, also shows that his youth was never smooth.

Above all, this strong characteristic of 4 is suppressed by 0, the star of learning, so that wisdom is intelligent, academic, gentle and neat, but sometimes it is cold and cold.

Since the energy of 4 has fast brain rotation, it not only has the ability to see through the other person's trivial movements or actions, but also if the energy of this strong characteristic is suppressed by the academic 0, it will lead to wealth and resonance with outstanding talent and sincere personality. It represents the energy to be respected.

After finishing high school, Obama first became interested in politics when he attended Occidental College in Los Angeles and participated in anti-apartheid rallies. It was at this time that he started using the name 'Barack' instead of 'Barry', which he had used until high school.

Above all, when the first letter in a name starts with 0, it corresponds to a rare combination, but when 3.4 is the first sound, there are cases where honor is somewhat exempted. Therefore, looking at the characteristics of this combination, resonance follows, wisdom is excellent, and many people appear in the combination of great people who are looked up to by everyone. Perhaps because of this, he captivated the public with his honesty and sincerity, and his popularity was so great that he was called the 'Black Kennedy' for causing a black sensation by putting forward 'change', the topic that Americans most longed for. As a result, his 47-year life journey, who became the 44th president of the United States and the first black president in the 232 years since the founding of the United States, was a human victory drama with many ups and downs. There is a 'burr 0.4. This is because the precious combination of 0.4 leading to 'Rock 5.8.8' and the 4 of talent coexisted with 5 of wealth, and these 5 again led to 5.8.8, which governs honor. In addition, it seems that there is merit in saving 8, which governs honor, by suppressing the overlapping honor '8.8' in 'O 4.0', but in reality it is not so. Prior to that, Obama's ⟨40. The combination leading to 98. 08⟩ is because the desire for learning was strongly expressed as the honor 8 led to the coexistence of the academic 0. Somehow, through his activities in the Chicago area and his life there, he realized that the country's legal and political system had to be changed in order to truly change the local environment. After graduating from

Harvard Law School, he returned to Chicago to work as a human rights lawyer after giving up a law firm that guaranteed a good life. At the same time, the fact that he taught the constitution at the University of Chicago Law School and prepared for the future step by step is well said in the name of Obama.

He entered politics in earnest when he was elected to the Illinois Senate in 1996, and had a hard time again when he lost the 2000 U.S. House of Representatives election. While giving speeches, he suddenly rose to the ranks of national politicians. At that time, he became a star politician by receiving attention from Democratic Party delegates as well as national viewers through his keynote speech titled "All Americans are One." And he soon became the third African-American in U.S. history and the only black federal senator in U.S. history to win 70% of the vote in the senatorial election held alongside the presidential election. This is also 'version 0.4. In 'Rock 5.8.8', 5, which is wealth, coexists with 8, which is honor, so it is possible to measure not only virtue but also material abundance to some extent. As the name suggests, while training at a law firm in Chicago while studying at Harvard Law School, he met and married Michelle Robinson, who became his wife. His wife, Michelle, was born into a family of black firefighters and graduated from Princeton University and Harvard Law School. In the Iowa caucus, the first presidential primary that began in January 2008, Obama defeated Senator Hillary Clinton, who was his biggest rival, and was officially nominated as the first black president of the Democratic Party. In the meantime, his life's journey led to an endless passion that turned his feelings of inferiority into hope and moved toward his goal without rest.

Above all, as shown in the name 'Barack' or the surname 'Obama', his life's journey can be said to be a pre-announced schedule of success along with his life with many ups and downs in his childhood. Therefore, this life reversal proves that there is nothing lacking in becoming a story of hope for people around the world, not just an individual success story for Obama.

이름(稱) 속에 담긴 의미는?

　　하나님께서 천지를 창조하시면서 가장 먼저 하신 일이 이름을 짓는 일이었다.
　　그 이유는 말(성경)이 영(하나님)이니까. 따라서 모든 이름 속에는 하나님의 영(말씀)이 들어 있다. 즉 하나님의 계획과 섭리가 들어 있기 때문에 이름은 매우 중요하다. 따라서 하나님께서 창세기 1장에 만물마다 그 각각의 이름을 지어 놓고 그 이름들에 호칭을 명확하게 구분지어 구별시켜 놓으셨다.

　　　하나님이 가라사대 빛이 있으라 하시매 빛이 있었고. 그 빛이 하나님이 보시기에 좋았더라 하나님이 빛과 어두움을 나누사. 빛을 낮이라 칭하시고 어두움을 밤이라 칭하시니라(창1;3-5)

　　하나님께서 빛을 낮이라 칭(이름)하시고 어두움을 밤이라 칭(이름)하셨다. 칭(稱) 자체가 일컫는다는 뜻이다. 따라서 모든 성경은 일컫는다는 '칭(이름)'에 초점이 있다.

　　　하나님이 가라사대 물 가운데 궁창이 있어 물과 물로 나뉘게 하리라 하시고. 하나님이 궁창을 만드사 궁창 아래의 물과 궁창 위의 물로 나뉘게 하시매 그대로 되니라. 하나님이 궁창을 하늘이라 칭하시고. 하나님이 물을 땅이라 칭하시고 모인 물을 바다라 칭하시니라. (창1;6-8.10)

이와 같이 모인 물을 바다라 칭(이름)하시고, 뭍을 땅이라 칭(이름)하시고, 궁창을 하늘이라 칭(이름)하신 그게 바로 이름(하나님의 뜻)이다. 칭(이름)하심 속에는 하나님의 엄청난 비밀들이 숨어있다. 따라서 이름 자체의 글자의 '이'는 '이것을' 가리키는 것이고 '름' 속에는 '름'은 '이르는 말'의 뜻을 담고 있다. 그러므로 예수님도 부활하신 후 제자들에게 아버지와 아들과 성령의 이름으로 세례를 주라고 하셨다.

    너희는 가서 모든 족속으로 제자를 삼아 아버지와 아들과 성령의 이름으로 세례를 주고(마28;19)

그 이유는 하늘과 땅의 모든 권세를 갖고 계신 주님이 세상 끝 날까지 우리와 항상 함께 있으실 것이기 때문에 그런 분부를 하신 거다. 그래서 삼영(三靈:성부, 성자, 성령)의 이름으로 세례를 주라 하셨다. 그랬을 때 우리의 모든 기도를 하나님께서 판단하시고 들어주신다는 거다. 이와 같이 이름에는 하나님의 명령과 하나님의 이르신 말씀이 이름 속에 전부 함의 되어 있다. 아담이 아내의 이름을 하와라 이름 짓자 산 자의 어미가 되었고, 그러자 하나님께서 가죽옷을 지어 입혀주셨다.

    아담이 그 아내를 하와라 이름하였으니 그는 모든 산 자의 어미가 됨이더라. 여호와 하나님이 아담과 그 아내를 위하여 가죽옷을

지어 입히시니라(창3;20)

아울러 '옷을 입힌다.'는 말씀(이름) 속에는 '가리운다' 즉 허물을 가리운다는 뜻이 내포 되어 있다. 따라서 '옷을 입히고'의 이 한 단어 속에 어둠에 거할 때 빛이 이르면 어두움이 가리 운다(물러간다)가 담겨 있다.

그러므로 모든 글자(이름) 속에는 하나님의 영(靈)이 들어 있다. 궁창을 하늘이라 칭(이름)하시고 아담은 자기 아내의 이름을 하와라 이름 지었고, 하나님은 하와를 '여자'라 칭(이름)하셨다. 따라서 여자(교회)라고 칭하신 그 이름 속에 하나님의 비밀이 있다. 그러므로 하나님의 백성들이 이름을 잘 지어주면 그들이 산 자가 된다.

아담이 지어준 이름은 짐승이라 죽은 이름들이다. 그러나 하나님이 지어주신 이름은 생명력이 있어 살아 움직인다. 그래서 이삭은 태어나기도 전에 하늘에서 먼저 지어준 이름이다. 따라서 이삭의 이름의 뜻은 '비웃음'의 뜻이지만 본질 적으로 산자의 이름으로 생명을 이어가는 이름인 거다. 그러나 이스마엘은 인간 측의 노력으로 탄생된 인물이다. 그러기 때문에 그 어미의 울부짖음을 듣고 이스마엘(하나님께서 들으심)의 탄생을 허락하신 것은 하나님의 택한 아들(이삭)과 유기된 자(이스마엘)의 양자 구도를 뚜렷하게 구별하기 위해 허락하신 생명이고 그에 따른 이름이다.

이삭의 아들인 야곱의 이름은 그 아비가 지어준 이름으로 그 뜻은 '발꿈치를 잡다', 또는 '속이는 자'다. 아울러 에서의 이름의 뜻은 '붉고 털이 많음'이다.

하나님께서 왜 야비하고 거짓투성이의 삶을 살았던 차자인 야곱을 끝까지 사랑하고 그나마 남자답고 씩씩하며 효심마저 끔찍

했던 장자인 에서를 끝까지 유기시켜 버리셨는가?

결론부터 말하면 세상 속에서의 행위로는 절대 인간을 악하게 만들 수도 없고 선하게 만들 수도 없다는 것을 이들의 이름을 통해 알게 하기 위해서다. 즉 에서는 장자의 명분을 고작 붉은 팥죽 한 그릇에 팔 정도로 경홀히 여겼고, 야곱은 에서의 장자의 명분을 획득하기 위해 아버지를 속여 가면서까지 형의 장자권을 가로챘다. 이와 같이 야곱이나 에서의 이름 속에 그 뜻이 함의 되어 있음을 확인할 수 있다.

아울러 하나님께서 선택한 자들은 이 세상에 야곱과 같은 치사하고 야비한 삶을 살면서도 하나님의 백성으로 회귀하게 되는 것이고, 또한 하나님의 선택에서 제외된 이들은 아무리 선한 일을 한다 해도 그게 하나님 앞에 선으로 카운트 되지 않는다는 것을, 성경을 근거로 이를 잘 이해할 수 있어야 한다.

하나님의 백성은 이미 창세전에 하나님의 선택을 받은 자들로서 이 세상에 존재하는 하나님을 떠난 인류와는 완전히 다른 새로운 인류다. 그들이 세상에 잠시 내려와 죄 된 육신의 몸을 입고 죄와 그 증상들의 추악함과 더러움과 어두움을 경험하면서 하늘 백성으로서의 삶을 배우고 그 나라를 진정으로 기대하며 소망하는 자로 회귀하게 되는 전 과정을 구속사라 한다.

따라서 우리는 옛 사람을 벗어 버리는 자기 부인의 삶을 열심히 살아냄으로 우리 안에 실체로 자리하고 있는 작은 예수를 밖으로 드러내는 거다.

그렇다면 하나님의 백성들 이외의 다른 이들은 모두 지옥에 가기위해 태어난 것인가? 그들은 이 땅에서 아무리 열심히 선한 일에 매진해도 자신의 선함에 전혀 기여 할 수 없다는 말인가?

엄밀히 말하면 그렇다. 그러나 이에 대한 표현을 좀 달리해야 한다. 불신자들은 지옥에 가기위해 태어난 것이 아니라 타락을 하여 죄를 짓고 지옥에 가는 거다. 절대 하나님의 구속에 죄인으로 역할을 배정받아 열심히 하나님이 시키는 대로 죄를 짓다가 지옥에 가는 것이 아니다. 그렇다면 그건 너무 불공평하다. 인간은 하나님과 관계없는 모든 것들은 티끌에 불과하다.

하나님은 그것들을 빈 것으로 또는 아무것도 아닌 것으로 보신다. 그렇다고 하나님께서 죄를 지을 자를 만들어서 죄를 조장하는 것은 아니다. 성경은 인간이 악을 행하는 것은 하나님과 아무 상관이 없는 것이라고 명확하게 밝히고 있다.

> 사람이 시험을 받을 때에 내가 하나님께 시험을 받는다 하지 말지니 하나님은 악에게 시험을 받지도 아니하시고 친히 아무도 시험하지 아니 하시느니라. 오직 각 사람이 시험을 받는 것은 자기 욕심에 끌려 미혹됨이니. 욕심이 잉태한즉 죄를 낳고 죄가 장성한즉 사망을 낳느니라. 내 사랑하는 형제들아 속지 말라(약1:13-16)

이와 같이 사람이 죄를 짓고 악을 행하는 것은 하나님이 시키신 것이 아니라 자기들 스스로 자기 욕심에 이끌려 그렇게 행하더라는 거다.

> 모든 사람의 결국이 일반인 그것은 해 아래서 모든 일 중에 악한 것이니 곧 인생의 마음에 악이 가득하여 평생에 미친 마음을 품다가 후에는 죽은 자에게로 돌아가는 것이라(전9:3)

모든 사람이 같은 운명을 당하는데 하늘 아래서 벌어지는 일 중에서 잘못되지 않은 것이 무엇이 있겠는가? 그러므로 사람들의 마음은 악으로 차고 넘쳐 얼빠진 생각을 하며 살다가 죽을 수밖에 없다.

> 사람이 미련하므로 자기 길을 굽게 하고 마음으로 여호와를 원망하느니라(잠19:3)

이렇게 인간들은 미련한 마음을 갖고 스스로 죄를 짓는 것이고 스스로 악을 행하는 거다. 따라서 성경에서의 선과 악은 절대 유교나 윤리나 도덕이나 사회법으로 이해하면 안 된다.

기독교에서의 선은 하나님을 알고 하나님의 뜻에 순종하는 것을 선이라 하고 하나님을 알지 못하고 그분의 뜻에 어긋나는 사고와 행위를 하는 것을 악이라 하고 죄라 한다.

따라서 하나님의 은혜가 부어지지 않아서 하나님을 알지 못하는 모든 인간들은 단 한 순간도 선한 행위를 할 수가 없다. 하나님의 뜻에 맞는 행위가 선한 행위인데 하나님을 알지도 못하는 이들이 어떻게 선을 행하겠는가?

모든 인간은 아담 안에서 타락을 하여 하나님과 단절된 관계 속으로 들어가 버렸기 때문에 그들은 선의 본체이신 하나님과 완전한 반대편에서 악의 삶을 살게 된다. 인간은 하나님의 생명력인 복을 충만히 받고 있을 때 비로소 선을 행할 수 있다. 그러나 죄를 지은 인간들에게서는 하나님이 떠나 버리셨기 때문에 그러한 자들의 모든 행위는 그게 아무리 선해 보인다 하더라도 '악'이다.

우리의 인생도 누가 하나님의 백성이고 누가 하나님의 백성이 아닌가는 하나님의 작정 속에서 이미 결정되어 있다. 하나님은 우리 성도에게 영생이라는 복을 주시기로 이미 창세전에 결정하고 확정하셨다. 그리고 우리는 하나님이 마련해 주신 새 옷을 입고 새로운 하늘과 새로운 땅에서 살기로 결정이 된 사람들이다.

그러니까 이미 창세전에 하나님의 선택에 의해 하나님의 백성으로 완성된 자들은 옛 사람이라는 껍질을 벗어버리고 완성된 자리로 회귀 하는 거다. 그런데 우리가 입고 있는 이 옛 사람의 옷은 하나님을 떠난 자들이 스스로의 힘으로 행복과 만족을 쟁취할 수 있다고 하는 아담표 옷인데 우리 스스로는 절대 그 옷을 자력으로 벗어 버릴 수 없다. 그래서 하나님과 옛 사람과의 씨름이 필연적으로 수반이 되는 거다. 야곱의 얍복강 사건이 바로 그러한 내용을 축약하고 있다.

야곱은 어머니 복중에서, 영원 속에서 하나님의 택함을 받은 사람이다. 그는 아직 태어나기도 전에 하나님의 사랑을 받은 하나님의 백성으로 완성된 사람이다. 그에게는 이미 복 받은 자라는 확정된 미래가 있다. 그러한 그가 야곱이란 옛 사람의 옷을 입고 하나님과의 씨름을 통과하므로 그 옷을 벗으면서 이스라엘이라는 새로운 이름으로 그의 신분을 찾아가는 거다.

하나님은 유약하고, 비열하며, 사기성 많은 야곱을 끝까지 쫓아가시며 당신의 복을 약속하셨다. 그가 뭘 잘해서가 아니고 대단한 자격이 있어서가 아니다. 그의 신분과 미래가 이미 창세전에 하나님 아들로 확정이 되었기 때문에 하나님은 그가 이 세상에서 어떤 옷을 입고 있든 거기에 관심 두지 않는다.

그가 사기꾼일 수도 있고, 도둑놈일 수도 있으며, 파렴치한일 수도 있다. 그건 하나님이 그가 어떤 옷을 입고 있건 결국 그의 옛 사람의 옷을 씨름하여 벗겨 버리실 것이기 때문이다.

그래서 하나님의 약속의 후손들이 아브라함으로부터 시작하여 하나같이 미련하고, 우매하며, 유약하고, 야비한 모습으로 등장한 거다. 하나님께서 그들의 인생에 깊이 간섭하고 씨름하셔서 그들의 옷을 벗겨 버리고 마침내 당신이 확정해 놓으신 복 받은 자들로 회복시켜 내시는 거다.

하나님은 야곱이라는 옷을 벗기기 위해 그를 쫓아다니면서 그가 복 받은 자라는 것을 상기시키셨다. 야곱은 열심히 자기의 꾀를 이용하며 자기 살 궁리를 하고 있는데 하나님은 계속 쫓아가시면서 '내가 너에게 복을 주고 네 자손을 번성케 하겠다.'는 약속을 하셨다. 그건 하나님께서 그러한 야곱의 삶에 만족하지도 못하고 만족할 수도 없다는 하나님의 의사표시였다. 왜냐하면 당신의 사랑하는 아들이 옛 세상 안에서 야곱이라는 이름의 옷을 입고 거기에 만족하고 거기에 안주하기를 원하지 않기 때문이다.

하나님은 그와 씨름을 하여 그 옷을 벗겨내는 분이지 그 야곱이란 옷에 금장을 둘러 주시는 분이 아니다. 그러한 하나님의 복된 추격이 야곱을 얍복강 나루에 세우신 거다.

그리고 그곳에서 그와의 본격적인 씨름이 시작된 거다. 아니, 엄밀히 말하면 하나님과 야곱의 씨름은 그가 이 세상에 태어나는 순간부터 시작이 되었다. 그 얍복 강가에서의 씨름은 하나님께서 수십 년 동안 야곱을 방치해 두셨다가 어느 날 찾아오셔서 시작된 씨름이 아니다. 아울러 그 얍복 강가에서의 씨름은 전체 교회의 인생을 단적으로 아주 잘 표현해 놓은 훌륭한 축약인 거다.

하나님과의 씨름에서 야곱이 벗어야 할 그 옷이 얼마나 추한 것인지 성경은 상세하게 기록 하고 있다. 야곱은 형으로부터 유산 상속권을 빼앗기 위해 형의 배고픔을 이용하여 장자 권을 사기도 하고, 장자에게 주어지는 아버지의 축복을 도취(盜取)하기 위해 염소 새끼 가죽을 뒤집어쓰고 아버지를 속이기도 했다. 심지어 벧엘에 나타나신 하나님과 홍정을 하기도 했다. 자기를 도와주면 섭섭지 않게 보답하겠다는 약속이다.

결국 외삼촌 집으로 쫓겨 간 야곱은 그곳에서도 여전히 자기의 꾀만을 의지하여 온갖 권모술수와 임기응변을 발휘하여 많은 재산을 모았다. 그런데 그러한 외삼촌이 자기를 시기하고 질투하여 안색이 안 좋다는 것을 간파하게 되자 그 재산을 지키기 위해 그 외삼촌을 떠날 계획을 세웠다.

외삼촌이 양털을 깎으러 나가자 야곱은 자기의 가축들과 식솔들을 모두 챙겨 황급히 도망쳤다. 어찌되었든 도망자인 자신을 거두어 주었고 자기에게 두 딸을 준 장인어른이다. 그런데 인사한 마디 없이 줄행랑을 친 거다.

당시 목축을 하던 사람들에게 양털을 깎는 일은 일 년의 농사를 추수하는 것과 같은 것이었다. 그래서 몇날 며칠 계획을 잡고 모든 노비들과 가족들을 다 동원하여 해야 하는 큰 행사였다. 야곱이 그 기회를 놓치지 않고 자기 것을 모두 챙겨 도망 쳤다. 그 과정에서 야곱이 사랑하는 아내 라헬이 자기 집의 수호신인 드라빔을 훔쳐서 달아나는 사건을 성경이 기록하고 있는 것을 눈여겨 봐야 한다.

하나님은 지금 그러한 일련의 에피소드들을 통해 하나님이 씨름하여 죽여 버려야 할 야곱이라 하는 이름의 실상을 낱낱이 폭로하고 계신 거다.

우리는 모두 그러한 자들이었다. 우리는 모두 자기의 안전을 보호하고 자신의 유익을 위해 다른 이는 어떻게 되든 말든 그들의 재산권까지도 훔쳐내고 강탈하여 자신의 힘과 부를 챙기는 그러한 존재들이었다. 그게 야곱의 '속이는 자' 이름 속에 담겨 있는 이 세상의 모습이다. 하나님은 그러한 야곱들과 씨름을 하면서 그들의 옷을 벗겨 내셨다. 그러니까 우리 성도들의 인생은 한 마디로 하나님과의 씨름이라 정의할 수 있다.

이와 같이 성경은 하나님과의 씨름에서 철저하게 패배해야 할 야곱의 이름 속에 숨어있는 야비함을 계속해 폭로하고 있다. 그런 연후에 인간이 지은 야곱이란 이름을 바꾸어 주므로 야곱이 이스라엘(교회)로 환골탈태하면서 하늘백성들이 탄생한 거다. 그게 성경에서 나타내고자 하는 이름의 의미고 실체다.

What does the name(稱) mean?

The first thing God did when he created the heavens and the earth was to name them.

The reason is that the Word(the Bible) is the Spirit(God). Therefore, all names contain the Spirit(Word) of God. In other words, the name is very important because it contains God's plan and providence. Therefore, in Genesis 1, God gave a name to each of the creations and distinguished them by clearly distinguishing them by titles.

> God said, Let there be light, and there was light. The light was good in God's sight, and God divided the light from the darkness. He called the light day and the darkness he called night (Genesis 1:3-5).

God called the light day(name) and the darkness called night (name). Ching(稱) means to refer to itself.

Therefore, all the Bibles focus on the 'justification(name)' to be referred to.

> God said, "There will be a firmament in the midst of the waters to divide the waters from the waters." And God made the expanse to divide the waters under the firmament from the waters above it, and it was so. God called the firmament heaven. God called the dry land earth, and the gathered waters called the sea. (Genesis 1:6–8.10)

That is the name (God's will) that the waters gathered in this way were called the sea (name), the dry land called the earth (name), and the firmament was called the sky (name). God's great secrets are contained in the justification (name). Therefore, 'i' in the letter of the name itself refers to 'this', and 'reum' in 'reum' contains the meaning of 'word to say'. Therefore, after Jesus was resurrected, he commanded his disciples to baptize them in the name of his Father, Son, and Holy Spirit.

> Go and make disciples of all nations, baptizing them in the name of the Father and of the Son and of the Holy Spirit (Matthew 28:19)

The reason is because the Lord, who has all authority in heaven and on earth, will always be with us until the end of the world. In that case, God judges and hears all our prayers. In this way, God's commands and the words of God are all implied in the name. When Adam named his wife Eve, she became the mother of the living, and God made a garment of skin and put her on her.

> Adam named his wife Eve, because she was the mother of all living. And the LORD God made garments of skin for Adam and his wife and clothed them (Genesis 3:20).

In addition, the word 'put on clothes' (name) has the meaning of 'covering', that is, covering up faults. Therefore, in this one word of 'wearing clothes', when you live in darkness, when the light comes, the darkness will cover (back away).

Therefore, the Spirit of God is contained in every letter (name). The firmament was called Heaven (name), Adam named his wife Eve, and God called Eve 'woman' (name). Therefore, there is the mystery of God in the name of the woman (church). Therefore, if God's people give them good names, they become living beings.

The names that Adam gave are beasts, so they are dead names. However, the name God has given has life and comes to life. That is why Isaac was given a name from heaven before he was even born. Therefore, the meaning of Isaac's name is 'laughter', but it is essentially a name that continues life in the name of the living, but Ishmael is a person born through human efforts. For that reason, hearing the cry of her mother and allowing the birth of Ishmael (which God hears) is the life He gave to clearly distinguish the adoption structure of God's chosen son (Isaac) and the abandoned one (Ishmael), and the resulting life It's a name.

The name of Jacob, Isaac's son, was given to him by his father, and it means 'take hold of the heel' or 'deceiver'. In addition, Esau's name means 'red and hairy'.

Why did God love Jacob, the youngest son, who had lived a life of vulgarity and lies, and left Esau, the eldest son, who was at least masculine, courageous, and filial to the end?

In conclusion, this is to let people know through their names that actions in the world can never make humans evil or good. In other words, Esau regarded his birthright so as to sell it for only a bowl of red bean soup, and Jacob took his brother's birthright by deceiving his father in order to obtain Esau's birthright. As such, it can be confirmed that the meaning is implied in the names of Jacob and Esau.

In addition, those chosen by God will return to the people of God even though they live a life of shame and vulgarity like Jacob in this world. You should be able to understand it well based on the Bible.

God's people are people who have already been chosen by God before the foundation of the world, and they are a completely new human being that has left God in this world. The history of redemption is the whole process of when they come down to the world for a while, put on a sinful body, experience the ugliness, filth, and darkness of sin and its symptoms, learn to live as citizens of heaven, and return to those who truly expect and hope for the kingdom.

Therefore, by diligently living the life of a self-denial that puts off the old self, we reveal the little Jesus who is in us as the reality.

So, are all people other than God's people born to go to hell? Does this mean that no matter how hard they try to do good on this earth, they cannot contribute to their goodness at all?

Strictly speaking, yes. However, the expression for this should be slightly different. Unbelievers are not born to go to hell, but to fall, sin, and go to hell. It's not like you're assigned a role as a sinner in God's redemption, and you don't go to hell after committing sins diligently according to God's instructions. If so, that's too unfair. All things that have nothing to do with God are nothing but dust.

God sees them as empty or nothing. This does not mean, however, that God encourages sin by making sinful people. The Bible clearly states that it has nothing to do with God for human beings to do evil.

> Let no man say when he is tempted, I am tempted by God, for God cannot be tempted by evil, and He Himself tempts no one. But each one is tempted because he is drawn away and deceived by his own lust. When lust has conceived, it gives birth to sin; and sin, when it is full-grown, brings forth death. Do not be deceived, my beloved brothers (James 1:13–16).

In this way, when people sin and do evil, it is not that God made them do it, but that they themselves were led by their own lust to do it.

> The end of all men, common people, is evil in all things under the sun, that the hearts of men are full of evil, and they cherish madness all their days, and then they return to the dead (Ecclesiastes 9:3).

All people face the same fate, and what is not wrong with what is happening under heaven? Therefore, people's hearts are filled with evil and they have no choice but to live and die with foolish thoughts.

> The foolishness of a man perverts his way, and his heart murmurs against the LORD (Proverbs 19:3).

In this way, human beings have a foolish heart, commit sins themselves, and commit evil on their own. Therefore, good and evil in the Bible should never be understood as Confucianism, ethics, morals, or social law.

In Christianity, good means knowing God and obeying God's will is called goodness.

Therefore, because God's grace is not poured out, all human beings who do not know God cannot do good deeds even for a moment. An act that is in accordance with God's will is a good act, but how can those who do not know God do good?

Since all human beings fell in Adam and fell into a relationship cut off from God, they live a life of evil in complete opposition to God, who is the essence of goodness. Man can only do good when he is fully receiving the blessing of God's life force. But since God has departed from sinful humans, all their actions, no matter how good they appear, are 'evil'.

Our lives are already decided in God's decree, who is God's people and who is not. God has already decided and confirmed before the foundation of the world to give our saints the blessing of eternal life. And we are people who have decided to live in a new heaven and a new earth in the new clothes that God has provided.

That is, those who have already been perfected as God's people by God's choice before the foundation of the world are to cast off the old man's shell and return to the finished place. However, this old man's clothes we are wearing are Adam's clothes, which say that those who have left God can achieve happiness and satisfaction on their own, and we can never take them off on our own. That is why the struggle between God and the old man inevitably entails. Jacob's Jabbok incident summarizes this very content.

Jacob, among his mother's blessings, is God's chosen one in eternity. He is a person who has been perfected as a people of God who was loved by God even before he was born. He already has a definite future that he is blessed with. As such, he wears the clothes of the old man named Jacob and goes through a wrestling with God, so he takes off those clothes and finds his identity under the new name of Israel.

God pursued the weak, mean, and deceitful Jacob to the

end and promised His blessing. It's not because he's good at it, it's not because he has great qualifications. Because his identity and future were already confirmed as the Son of God before the foundation of the world, God does not care what kind of clothes he wears in this world.

푸틴이 핵으로 전쟁할까 두렵다

1952년생
17 837
푸   틴
83 493

  52년생인 블라디미 푸틴은 러시아 연방의 제2대 대통령이자 독재자이다. 세계 언론들이 주로 '푸틴' 대통령으로 부르고 있다. 푸틴의 이름은 숨은 재물과 여자를 나타내는 선천운 1.7과 명예와 권력을 주관하는 8.3.7이 있는데, 후천운은 통치권자의 이름에 흔히 나타나는 8.3과 명예를 주관하는 4.9.3의 구조로 이루어져 있어 권력에 대한 야망이 그 누구보다 크다.
  2022년 2월 24일 이른 아침에 러시아가 우크라이나를 침공했다. 세계 지도자들이 전쟁이 일어나는 것을 막으려고 노력했지만 아무 소용이 없었다. 이로 인해 온 세상이 전쟁으로 떠들썩하다.
  필자는 우리나라의 최고의 성명학자이자 강릉서머나 교회의 목사지만 그에 앞서 목회학박사 논문으로 계시록을 연구하다보니 아마겟돈 전쟁에 대해 깊은 관심을 갖게 되었다. 아마겟돈은 엄밀히 따지면 영적인 전쟁이다. 그렇지만 세상적으로 보면 지금 푸틴이 벌이고 있는 우크라이나 전쟁을 암묵적으로 나타내고 있다.

그렇다면 성경에서 말하는 '아마겟돈' 전쟁은 무엇인가? 성경의 모든 비유는 세상 것을 들어 영적인 것을 표현하고 있다. 아마겟돈은 '므깃도 산'을 의미한다. 므깃도는 고대 이스라엘 지역에 있던 도시였다. 역사를 보면 므깃도 인근에서 결정적인 전투들이 벌어졌는데, 그중 일부는 성경에도 기록되어 있다. 그러나 아마겟돈은 고대 므깃도 근처의 문자적인 장소는 아니다. 그곳에는 큰 산이 없으며, 인접한 이스라엘 저지 평야를 다 합쳐도 하나님과 대항해 싸울만한 자들을 모두 수용할 수 없을 정도의 강원도 면적이다. 따라서 아마겟돈은 하나님의 통치에 사단들이 마지막으로 대항하여 싸우는 전 세계적인 영적 전쟁을 가리킨다.

무엇보다 하나님과 세상과의 사이에서 치러지는 아마겟돈 전쟁은 하나님께서 어떤 방법으로 사용 하실지 그것에 대해 성경을 자세히 살펴보면 인간들이 패역할 적마다 염병, 우박, 지진, 큰 비, 불과 유황, 번개, 질병 같은 무기를 자유자재로 사용하셨다.

그렇다면 이 전쟁이 왜 일어나고 있는가? 지금 소련과 우크라이나 전쟁을 통해 묵시인 계시록과 푸틴의 이름 분석을 통해 그 원인과 앞으로의 향방을 밝혀 보고자 한다.

아마겟돈(므깃도)이란 지역의 위치는 한쪽으로 조금 지나면 갈릴리 호수가 있고 또 한쪽으로 조금 지나면 지중해가 가깝게 인접해 있다. 우크라이나만 비가 오는 옥토라 농작물 중에 콩의 소출이 많아 그곳만 양식이 풍부하다. 반면에 소련은 땅은 넓지만 유독 콩 작물이 부족하다 보니 푸틴이 전쟁을 일으켰다.

소련이란 나라는 땅덩어리는 넓은데 농사지을 땅은 그리 많지 않다. 그래서 식량이 늘 부족 상태다. 따라서 알래스카가 원래는 소련의 땅이었지만 미국한테 곡물을 받고 팔아놓고 보니 우크라이나 땅에 욕심이 생겼다. 아울러 아마겟돈은 지중해 옆인데 사막임에도 불구하고 비가 오니까 거기서 곡식이 많이 나와 우크라이나는 양식이 풍부하다. 아울러 우크라이나 전쟁은 엄밀히 따지면 먹는 것 때문에 일어난 식량전쟁이라 할 수 있다. 그러니까 육적인 전쟁은 솔로몬 때부터 지금까지 먹는 것 때문에 일어나는 전쟁을 뜻하는 것이고, 반면에 우리나라는 영적 전쟁으로 치열한 나라임을 뜻한다.

무엇보다 성경의 마지막 책인 계시록(啓示錄) 즉 묵시록(默示錄)은 그리스어로 아포칼립시스인데, '덮개를 걷다'라는 뜻으로 하나님이 감추어진 미래의 비밀을 드러내어 보여준다는 뜻이다.

따라서 아마겟돈이란 말은 계시록 16장 16절에 '세 영이 히브리 음으로 아마겟돈이라 하는 곳으로 왕들을 모으더라.' 이와 같이 단 한번 나온다. 16장 전체의 예언에 따르면, '온 천하 왕들'이 '하나님 곧 전능하신 이의 큰 날에 있을 전쟁을 위하여' 아마겟돈이라 하는 곳으로 모일 것이라 했다.

이러한 것을 다니엘 11장에서는 경쟁 관계에 있는 "북방 왕"과 "남방 왕"에 관해 예언했는데 북방 왕의 정체가 바로 러시아와 그 동맹국가 들이다.

2022년 10월 8일, 우크라이나의 젤렌스키 대통령이 BBC 뉴스 인터뷰에서 핵무기 사용에 따른 질문을 받았을 때, 그렇게 된다면 '나는 우리가 아마겟돈을 겪게 될 수 있다. 그렇지만 그렇게 된다면 지구 전체가 위험에 빠질 것이다.' 라고 분명하게 밝혔다.

그러나 푸틴은 2022년 10월 10일, 이틀 전 크림과 러시아를 연결하는 대교가 붕괴된 것에 대한 보복으로 우크라이나 전역에 미사일 공격을 퍼부었다. 그래서 무엇 때문에 갈수록 더 가격해져

가는 전쟁을 준비하고 있는지, 푸틴의 이름풀이를 통해 그 원인을 밝혀 보고자 한다.

'푸'의 후천운 8.3은 대통령의 이름에서 흔히 나타나는 배합이다. 일반인은 3.4가 7.8을 보면 직업이 없고 구설이 따르며 명예가 실추된다. 그러나 대통령은 관(官)을 통치하는 최고 통치권자다. 그러므로 도리어 3.4가 7.8(官)을 극제해야 대통령이 될 수 있다. 그래서 우리나라 대통령이나 외국 대통령의 이름을 분석해 보면 거의 3.4가 7.8을 보고 있는 것이 공통적으로 나타나 있다. 또한 선천운 1.7은 축적의 기운에 의해 경제가 살아난 때문에, 그는 1999년 총리 겸 대통령 권한대행으로 취임한 이래 현재까지 장기집권의 대통령이 되었고 한동안 포브스에서 가장 영향력 있는 인물 1위로 기록되기도 했다.

또한 '틴' 8.3.7과 4.9.3의 영향으로 다 망해가던 러시아를 경제적으로 발전시킨 공로가 인정되어 옐친대통령의 후계자로 지목되면서 서서히 부상하기 시작했고, 지금까지 푸틴을 대체할 만한 강력한 후보가 없다보니 사상 최고치인 89.9%의 높은 지지율을 지금까지 유지하고 있다. 그 이유도 어떻게 보면 '푸'의 1.7과 '틴'의 4.9.3과 지지에서 발현되는 8.3과 4.9.3 때문이다.

그럼에도 불구하고 그가 왜 전쟁을 즐기고 있는가? 그러한 연유 또한 8.3의 수리에서 충분히 엿볼 수 있다. 법과 원칙을 관장하는 8을 자기의 생각과 사고를 나타내는 3이 이를 파괴하면 그러한 원칙을 무시하게 되고, 4.9.3의 배합이 권력에 대한 욕구와 야망이 그의 생각을 부추긴 때문이다.

뿐만 아니라 오행으로 풀이할 때 그의 이름에 유독 화기(火氣)가 많다. 그런데다 2022년 임인(壬寅)은 수기(水氣)가 왕성한 해다. 더욱이 2023년 계묘(癸卯) 또한 수(水)기운이다. 화기(火氣)가 왕성한 이름에 세운의 수기(水氣)가 이름 원명에 연달아 물을 끼얹게 되면 불이 더욱 타오르게 된다. 그러므로 푸틴이 핵전쟁도 불사할 수 있다고 예단해 보는 바다. 그렇게 추론하는 것은 그동안 이미 만들어 놓은 핵을 어딘가에 소비해야 한다. 그러다보니 아포칼립시스의 묵시와 계시에 의해 아마겟돈이라 하는 곳으로 왕들을 모은 것이고, 다니엘서의 예언처럼 북방과 남방이 경쟁관계로 치닫게 되는 연유에서 푸틴이 갈수록 더 가격해져 가는 것이다.

반면에 한국교회의 영적전쟁은 계시록 16장 16절에 아마겟돈이라 하는 곳으로 왕들을 모으는데 성경에서의 왕은 오늘날 목사들을 지칭한다. 따라서 영적전쟁을 개구리 같은 세 더러운 영으로 표현하고 있는데 용의 입과 짐승의 입과 거짓선지자의 입에서 치러진다고 했다.

그러므로 육적전쟁은 지금 푸틴이 벌이고 있는 우크라이나의 전쟁이라면, 영적전쟁은 말씀(교리) 전쟁이다. 그러기 때문에 귀신(사단)의 영(거짓교리)들이 이적을 행하여 온 천하 임금(목사)들에게 가서 전능하신 하나님과의 전쟁을 선포하면서 동방(한국교회)의 왕(목사)들의 길을 예비하고 있다.

아울러 한국교회의 영적전쟁은 계시록 16장에 그대로 나타나 있다. 지금 사단의 세력들이 666인데 그 666 자체가 바로 사람의 숫자고 그게 거짓 교리다. 거짓의 입에서 말(교리)이 나오는데. 바로 용의 입과 짐승의 입과 거짓선지자의 입이라고 분명하게 밝혔다. 용의 입은 그동안 수없이 많은 사단의 세력들이 한국교회에 가득 차 있지만 그 중에 특히 사령장 문형이 공작(주작)인 신천지의 이만희를 나타내고 있다.

또한 짐승의 입은 통일교의 한학자인데 통일교의 문형을 보면 학 두 마리가 올라가고 있다. 이를 증명하는 것이 스가랴 5장에 그대로 나타나 있다. 5장 3절에 날아다니는 두루마리가 나타나는데 그게 온 지면을 두루 행하는 저주고 무릇 도적질하는 자라 했다. 또한 그게 에바고 그 에바 가운데 한 여인이 앉아 있는데 악이라 했다. 아울러 9절에 두 여인이 나오고 그들이 에바를 천지 사이에 두고 천사에게 에바를 어디로 옮길 건가하고 물었더니 시날(미국) 땅에 집을 짓는다고 했다. 그래서인지 몰라도 두 여인한테 학의 날개 같은 날개가 있다고 했듯이 통일교의 영상을 보면 학이 물고 가는 것을 잘 만들어 났다.

　따라서 두 여인 중에 하나는 트럼프의 종교담당자인 폴리화이트고, 또 하나는 계시록 17장 1절에 많은 물 위 앉은 큰 음녀가 바로 통일교의 교주 한학자다. 이 두 여인이 서로 손을 잡고 신(神)을 하나로 통일하겠다고 왕(목사)들을 미국으로 모으고 있다. 통일교의 사업 중에 방위 산업체가 가장 크다. 그러므로 미국과도 관계가 돈독하다.

　그런데 계시록 17장을 보면 신천지가 통일교를 잡아먹으려 한다. 즉 개구리 같은 세 더러운 영들이 용의 입과 짐승의 입과 거짓선지자들의 입인데 이들끼리 서로 영적 전쟁을 일으키고 있다.

　세상 왕이 되면 누가 되었건 그 때부터 하늘의 시각에서 보면 저주다. 그 중에 푸틴이 가장 저주 받은 사람이라 암 덩어리를 갖고 산다. 그래서 그의 마음에 두려움이 없다. 이래 죽나 저래 죽나 죽는 것은 마찬가지라 생각하고 앞서 이름에서 풀이했듯이 권력에 대한 야망으로 인해 죽음을 각오하고 핵전쟁을 할 가능성이 매우 높다.

　이와 같이 전 세계가 농산물 때문에 핵전쟁이 일어나게 되면 그동안 말씀양식(거짓교리)으로 서로 치고받고 싸우던 한국교회의 세 가지 더러운 영들한테도 계시록 18장의 무서운 심판이 떨어진다. 즉 큰 성 바벨론(대형교회)의 패망이 눈앞에 펼쳐지게 된다.

푸틴의 핵전쟁과 함께 여기서는 계시록18장의 예언처럼 임금(목사)들이 다스리는 큰 성 바벨론을 심판한다. 지금 사단의 세력들이 점차 무너지고 있다. 아베사건도 통일교가 개입되어 있는 사건이라 이것 또한 우연이 아니다. 어떻게 2천 년 전에 써 놓은 계시록이 이렇게 딱 들어맞을 수 있겠는가! 그래서 성경을 읽으면 읽을수록 한 치의 어긋남이 없는 하나님의 섭리에 감탄하고 그리고 그런 하나님을 그저 경외할 수밖에 없게 된다.

I fear Putin will go to war
with nuclear weapons

born in 1952
  17837
  Putin
  83493

 Vladimir Putin, born in 1952, is the second president and dictator of the Russian Federation. The world's media are mainly calling him 'Putin'. Putin's name has 8.3.7, which governs honor and power, and 1.7, which represents hidden wealth and women, and 8.3.7, which governs honor and power. The ambition for it is bigger than anyone else.
 In the early morning of February 24, 2022, Russia invaded Ukraine. World leaders have tried to prevent a war from happening, but to no avail. Because of this, the whole world is in a state of war.
 I am the best scholar in Korea and the pastor of

Smyrna Church in Gangneung, but as I studied the Book of Revelation as a doctoral thesis on ministry, he became deeply interested in the War of Armageddon. Armageddon is technically a spiritual war. However, from a worldly perspective, it implicitly represents the war in Ukraine that Putin is waging now.

Then, what is the "Armageddon" war that the Bible speaks of? All parables in the Bible express spiritual things by taking up worldly things. Armageddon means 'mountain of Megiddo'. Megiddo was a city in ancient Israel. History tells us that decisive battles were fought near Megiddo, some of which are even recorded in the Bible. But Armageddon is not a literal location near ancient Megiddo. There are no large mountains there, and even the adjacent lowland plains of Israel cannot accommodate all those who can fight against God. Armageddon thus refers to the worldwide spiritual warfare of Satan's final confrontation with the reign of God.

Above all, if you look closely at the Bible about how God will use the battle of Armageddon between God and the world, you will find weapons such as pestilence, hail, earthquake, heavy rain, fire and brimstone, lightning, and disease whenever humans rebel. You used it freely.

Then why is this war happening? Now, through the Soviet-Ukrainian war, the apocalypse, the Book of Revelation, and the analysis of Putin's name, will reveal the cause and future direction.

The location of the region called Armageddon (Megiddo)

is close to the Sea of Galilee on one side and the Mediterranean Sea on the other side. Only Ukraine has a lot of soybeans among the rainy Oktora crops, so it is only there that there is an abundance of food. On the other hand, the Soviet Union has a large land area, but it lacks soybean crops, so Putin started a war.

The country of the Soviet Union has a large land mass, but there is not so much land for farming. So food is always in short supply. Therefore, Alaska was originally a Soviet land, but after receiving grain from the United States and selling it, they became greedy for Ukrainian land. In addition, Armageddon is next to the Mediterranean Sea, and although it is a desert, it rains, so there is a lot of grain and Ukraine is rich in food. In addition, the war in Ukraine can be technically a food war caused by what one eats. So, physical warfare means the war that takes place because of what you eat from the time of Solomon until now, while our country means a country that is fierce with spiritual warfare.

Above all, the last book of the Bible, Revelation(啓示錄), or the Apocalypse(默示錄), is apocalypse in Greek, which means 'removing the cover', which means that God reveals the hidden secrets of the future.

Therefore, the word Armageddon appears only once, as in Revelation 16:16, 'The three spirits gathered the kings to a place called Armageddon in Hebrew.' According to the prophecy throughout chapter 16, "the kings of the whole world" will gather at a place called Armageddon "for the battle of the great day of God the Almighty."

Daniel 11 prophesied about the rival "king of the north" and "king of the south," but the identity of the northern king is Russia and its allies.

On October 8, 2022, when Ukrainian President Zelensky was asked in a BBC News interview about the use of nuclear weapons, I said, "If that happens, we could have Armageddon. But if that happens, the whole planet will be in danger."

But on October 10, 2022, Putin unleashed a missile strike across Ukraine in retaliation for the collapse of a bridge connecting Crimea and Russia two days earlier. So, for what reason are they preparing for a war that is getting more and more expensive, I want to find out the cause by solving Putin's name.

8.3 is a combination that often appears in the names of presidents. For ordinary people, if 3.4 is 7.8, there is no job, gossip follows, and honor is lost. However, the president is the supreme ruler who governs the government. Therefore, on the contrary, the 3.4 must exterminate the 7.8(official) in order to become president. So, if you analyze the names of Korean or foreign presidents, it is common that almost 3.4 are looking at 7.8. In addition, because the economy was revived by the energy of accumulation in congenital fortune 1.7, he has been the president of the long-term since he took office as prime minister and acting president in 1999, and for a while was recorded as the most influential person in Forbes.

In addition, his contribution to economically developing

Russia, which had been ruined due to the influence of 'Tin' 8.3.7 and 4.9.3, was recognized and he was designated as the successor of President Yeltsin, and began to emerge slowly, and so far, a strong candidate to replace Putin As a result, it has maintained a high approval rating of 89.9%, the highest ever. The reason, in a way, is because of 1.7 of 'Poo' and 4.9.3 of 'Teen' and 8.3 and 4.9.3 expressed in support.

Still, why is he enjoying the war? Such reasons can also be fully seen in the repair of 8.3. If 8, which governs laws and principles, is destroyed by 3, which represents his thoughts and thoughts, he will ignore those principles, and the combination of 4.9.3 is because his desire for power and ambition fuel his thoughts.

In addition, there are many poisonous fire spirits in his name when interpreted with five elements. By the way, the year 2022 is a year full of water energy. Moreover, the year 2023 is also a water energy. When Sewoon's water energy successively pours water on the original name in a name full of fire energy, the fire burns even more. Therefore, it is a sea that predicts that Putin can even risk nuclear war. To reason like that, you have to consume the nuclear that you have already made somewhere. As a result, the kings were gathered to a place called Armageddon by the apocalypse and revelation of the apocalypse, and as the prophecy of the Book of Daniel, Putin is getting more and more pricey for the reason that the North and the South are going into competition.

On the other hand, the Korean church's spiritual warfare gathers kings to a place called Armageddon in Revelation 16:16, and the king in the Bible refers to today's pastors. Therefore, the spiritual war is expressed as three unclean spirits like frogs, and it is said that it will be fought in the mouth of the dragon, the mouth of the beast, and the mouth of the false prophet.

Therefore, if the physical war is the war in Ukraine that Putin is waging now, the spiritual war is the word(doctrine) war. Therefore, the spirits(false doctrines) of demons(Satan) perform miracles and go to the kings(pastors) of the whole world, declaring war against Almighty God, preparing the way for the kings(pastors) of the East (Korean Church).

In addition, the spiritual warfare of the Korean church is shown in Revelation 16. Currently, the forces of Satan are 666, but 666 itself is the number of people, and that is a false doctrine. Words (doctrines) come out of the mouth of lies. It is clearly stated that it is the mouth of the dragon, the mouth of the beast, and the mouth of the false prophet. The Dragon's Mouth has been filled with countless satanic powers in the Korean church, but among them, it represents Shincheonji's Man-Hee Lee, whose commander Hyung Moon is the duke(Juseok).

Also, the mouth of the beast is a hanhagja of the Unification Church, and if you look at the gate pattern of the Unification Church, two cranes are rising. Proof of this is shown in Zechariah 5 as it is. In 5:3, a flying scroll appears, and it is said that it is a curse that runs through the whole surface of the earth and that all are thieves. Also, it was an ephah, and a woman was sitting in the ephah, and they said it was evil. In addition, in verse 9, two women appeared, and they placed the Eva between heaven and earth and asked the angel where they would move the Eva. I don't know if that's why, but just as the two women said they had wings like those of a crane, watching the video of the Unification Church made the crane carry it well.

Therefore, one of the two women is Trump's religious officer, Polywhite, and the other, the great harlot who sits on many waters in Revelation 17:1, is the founder of the Unification Church, Hak Ja Han. These two women are holding hands and gathering kings (pastors) to the United States to unite God as one. Among the projects of the Unification Church, the defense industry is the largest. Therefore, the relationship with the United States is also strong.

However, in Revelation 17, Shincheonji is trying to prey on the Unification Church. In other words, the three unclean spirits like frogs, the dragon's mouth, the beast's mouth, and the false prophets' mouths, are waging a spiritual war with each other.

Whoever becomes the king of the world is a curse from the perspective of heaven. Among them, Putin is the most cursed person, so he lives with a lump of cancer. So he has no fear in his heart. I think death is the same, and as I explained in the name, there is a very high possibility of committing a nuclear war with ambition for power.

In this way, when nuclear war breaks out all over the world because of agricultural products, the terrible judgment of Revelation 18 falls on the three unclean spirits of the Korean church who have been fighting each other over the food of the Word(false doctrine). In other words, the destruction of the great city Babylon(megachurch) will unfold before our eyes.

Along with Putin's nuclear war, here, like the prophecy in Revelation 18, Babylon, the great city ruled by kings(pastors), is judged. Now the forces of Satan are gradually crumbling. The Abe incident was also an incident in which the Unification Church was involved, so this is no coincidence either. How could the book of Revelation, written 2,000 years ago, match up so perfectly! So, the more you read the Bible, the more you admire God's providence without any deviation, and you have no choice but to be in awe of such a God.

Почему Путину нравится война?

1952 года рождения
17837
Путин
83493

Владимир Путин, 1952 года рождения, второй президент и диктатор Российской Федерации. Мировые СМИ в основном называют его

«Путиным». В имени Путина есть число 8.3.7, которое управляет честью и властью, и 1.7, которое представляет собой скрытое богатство и женщин, и 8.3.7, которое управляет честью и властью.

Ранним утром 24 февраля 2022 года Россия вторглась в Украину. Мировые лидеры пытались предотвратить войну, но безуспешно. Из-за этого весь мир находится в состоянии войны.

Я лучший ученый в Корее и пастор церкви Каннын Смирна, но я глубоко заинтересовался войной Армагеддон, изучая Книгу Откровения в качестве докторской диссертации по служению. Армагеддон технически является духовной войной. Однако с мирской точки зрения он имплицитно представляет войну на Украине, которую сейчас ведет Путин.

Тогда о какой войне «Армагеддон» говорит Библия? Все притчи в Библии выражают духовные вещи, рассматривая мирские вещи. Армагеддон означает «гора Мегиддо». Мегиддо был городом в древнем Израиле. История говорит нам, что близ Мегиддо произошли решающие сражения, некоторые из которых даже записаны в Библии. Но Армагеддон — это не буквальное место рядом с древним Мегиддо. Там нет больших гор, и даже прилегающие низменные равнины Израиля не могут вместить всех тех, кто может бороться против Бога. Таким образом, Армагеддон относится к всемирной духовной войне последнего противостояния сатаны с правлением Бога.

Прежде всего, если вы внимательно изучите Библию о том, как Бог будет использовать битву Армагеддон между Богом и миром, вы найдете такое оружие, как мор, град, землетрясение, проливной дождь, огонь и серу, молнии и болезни, когда бы люди ни мятежник Ты использовал его свободно.

Тогда почему происходит эта война? Теперь, через советско-украинскую войну, апокалипсис, Книга Откровения и анализ имени

Путина откроют причину и будущее направление.

Украина находится рядом с Средиземным морем, поднимающимся к Голанскому парку в Израиле. Все они пустыни, но только там, где идут дожди, есть плодородная почва. Так что, несмотря на пустыню, заниматься сельским хозяйством можно только в Украине.

Страна Советского Союза имеет большой земельный массив, но земли для ведения сельского хозяйства не так много. Поэтому еды всегда не хватает. Поэтому Аляска изначально была советской землей, но получив зерно из США и продав его, стали жадничать до украинской земли. Кроме того, Армагеддон находится рядом со Средиземным морем, и хотя это пустыня, но идут дожди, поэтому здесь много зерна, а Украина богата едой. С другой стороны, советская земля большая, а еды всегда не хватает, поэтому войну начал Путин. Кроме того, война в Украине технически может быть продовольственной войной, вызванной тем, что человек ест. Итак, физическая война означает войну, которая происходит из-за того, что вы едите, со времен Соломона до сих пор, в то время как наша страна означает страну, ожесточенную духовной войной.

Прежде всего, последняя книга Библии, Откровение (啓示錄) или Апокалипсис (默示錄), по-гречески апокалипсис, что означает «снятие покрова», что означает, что Бог открывает скрытые тайны будущего.

Поэтому слово Армагеддон появляется только один раз, как в Откровении 16:16: «Три духа собрали царей на место, называемое по-еврейски Армагеддон». Согласно пророчеству в 16-й главе, «цари всего мира» соберутся в месте под названием Армагеддон «для битвы великого дня Бога Вседержителя».

Даниил 11 пророчествовал о соперничестве «царя северного» и «царя южного», но личностью северного царя является Россия и ее союзники.

8 октября 2022 года, когда президента Украины Зеленского в интервью BBC News спросили о применении ядерного оружия, я сказал: «Если это произойдет, у нас может быть Армагеддон. Но если это произойдет, вся планета окажется в опасности».

Но 10 октября 2022 года Путин нанес ракетный удар по Украине в ответ на обрушение моста, соединяющего Крым и Россию двумя днями ранее. Итак, по какой причине они готовятся к войне, которая становится все дороже и дороже, я хочу выяснить причину, разгадывая имя Путина.

8.3 — это сочетание, которое часто встречается в именах президентов. Для обычных людей, если 3,4 равно 7,8, работы нет, ходят сплетни, теряется честь. Однако президент является верховным правителем, который управляет правительством. Поэтому, наоборот, 3.4 должны истребить 7.8 (чиновников), чтобы стать президентом. Итак, если вы проанализируете имена корейских или иностранных президентов, обычно почти 3,4 смотрят на 7,8. Кроме того, поскольку экономика была оживлена энергией накопления в Сунчхонун 1.7, он долгое время был президентом с тех пор, как вступил в должность премьер-министра и исполняющего обязанности президента в 1999 году, и какое-то время считался самым влиятельным. человек в Forbes.

Кроме того, был признан его вклад в экономически развивающуюся Россию, разоренную из-за влияния «Тина» 8.3.7 и 4.9.3, и он был назначен преемником президента Ельцина, и начал медленно выявляться, и пока сильный кандидат на замену Путину. В результате он сохранил высокий рейтинг одобрения на уровне 89,9%, что является самым высоким показателем за всю историю. В некотором смысле причина в том, что 1.7 «Роо» и 4.9.3 «Teen» и 8.3 и 4.9.3 выражены в поддержку.

И все же, почему он наслаждается войной? Такие причины также в полной мере можно увидеть при ремонте 8.3. Если число 8, управляющее законами и принципами, будет уничтожено числом 3, которое представляет его мысли и мысли, он будет игнорировать эти принципы, а сочетание 4.9.3 происходит потому, что его стремление к власти и амбиции подпитывают его мысли.

Кроме того, в его имени много ядовитых огненных духов, если интерпретировать его с пятью элементами. Кстати, 2022 год полон энергии воды. Более того, 2023 год – это еще и энергия воды. Когда энергия воды Сеуна последовательно льет воду на первоначальное имя в имени, полном энергии огня, огонь горит еще больше. Поэтому море предсказывает, что Путин может рискнуть даже ядерной войной. Чтобы так рассуждать, надо потреблять ядерное оружие, которое ты где-то уже сделал. В итоге цари были собраны на место под названием Армагеддон апокалипсисом и откровением апокалипсиса, и как пророчество книги Даниила, Путин все дороже и дороже по той причине, что Север и Юг идут в конкуренцию.

С другой стороны, духовная война корейской церкви собирает царей в месте, называемом Армагеддон в Откровении 16:16, а царь в Библии относится к сегодняшним пастырям. Поэтому духовная война выражена тремя нечистыми духами, подобными жабам, и сказано, что она будет вестись в устах дракона, устах зверя и устах лжепророка.

Поэтому, если физическая война — это война на Украине, которую сейчас ведет Путин, то духовная война — это словесная (доктринальная) война. Поэтому духи (лжеучения) бесовские (сатаны) творят чудеса и идут к царям (пастырям) всего мира, объявляя войну Всемогущему Богу, подготавливая путь царям (пастырям) Востока (Корейская Церковь)

Кроме того, духовная война корейской церкви показана в Откровении 16. В настоящее время силы Сатаны составляют 666, но 666 само по себе является числом людей, а это ложное учение. Слова (доктрины) исходят из уст лжи. Ясно сказано, что это пасть дракона, пасть зверя и пасть лжепророка. Пасть Дракона была наполнена бесчисленными сатанинскими силами в корейской церкви, но среди них он представляет Ман-Хи Ли Синчхонджи, чьим командиром Хён-Хён Мун является герцогом (Джусок).

Кроме того, пасть зверя – это китайский ученый Церкви Объединения, и если вы посмотрите на рисунок ворот Церкви Объединения, то увидите, что поднимаются два журавля. Доказательство этого показано в Захарии 5 как есть. В 5:3 появляется летающий свиток, и говорится, что это проклятие, проходящее по всей поверхности земли, и что все воры. Кроме того, это была ефа, и в ефе сидела женщина, и говорили, что это зло. Кроме того, в стихе 9 появились две женщины, они поместили Еву между небом и землей и спросили ангела, куда они переместят Еву. Я не знаю, поэтому ли это, но как две женщины сказали, что у них были крылья, как у журавля, просмотр видео Церкви Объединения заставил журавль нести это хорошо.

Следовательно, одна из двух женщин — религиозный деятель Трампа, Полиуайт, а другая, великая блудница, сидящая на водах многих в Откровении 17:1, — основательница Церкви Объединения Хакса Хан. Эти две женщины держатся за руки и собирают королей (пасторов) в Соединенные Штаты, чтобы объединить Бога воедино. Среди проектов Церкви Объединения наиболее крупным является оборонная промышленность. Поэтому отношения с Соединенными Штатами также сильны.

Однако в Откровении 17 Синчхонджи пытается охотиться на Церковь Объединения. Другими словами, три нечистых духа, такие как жабы, пасть дракона, пасть зверя и уста лжепророков, ведут друг с другом духовную войну.

Тот, кто становится царем мира, является проклятием с точки зрения небес. Среди них Путин самый проклятый человек, поэтому он живет с раковой опухолью. Так что в его сердце нет страха. Я думаю, что смерть — это одно и то же, и, как я объяснил в названии, очень высока вероятность совершения ядерной войны с амбициями к власти.

Таким образом, если ядерная война разразится во всем мире из-за сельскохозяйственных продуктов, страшный суд из Откровения 18 падет на трех нечистых духов корейской церкви, которые сражаются друг с другом за пищу Слова (ложное учение).). Другими словами, на наших глазах развернется разрушение великого города Вавилона (мегацеркви).

Наряду с путинской ядерной войной здесь, как и в пророчестве в Откровении 18, судится Вавилон, великий город, которым правят цари (пастыри). Сейчас силы Сатаны постепенно рушатся. Инцидент с Абэ также был инцидентом, в котором была замешана Церковь Объединения, так что это тоже не совпадение. Как могла книга Откровения, написанная 2 000 лет назад, так идеально совпасть! Итак, чем больше вы читаете Библию, тем больше восхищаетесь Божьим промыслом без всяких отклонений, и у вас нет другого выбора, кроме как благоговеть перед таким Богом.

아베가 왜 총탄에 죽었을까?

1954년생
71 48 559 63
아 베 신 조
04 59 882 76

얼마 전, 2022년 7월 8일, 제26회 일본 참의원 의원 통상선거를 위해 사토 게이 후보의 지원유세 연설을 하던 중, 전직 해상자위대 자위관 출신인 야마가미 데쓰야의 총탄에 의해 향년 67세의 일기로 사망하였다.

아베는 제90대와 96-98대 내각총리대신을 지낸 전후 세대 출신의 첫 번째 총리이자 전후 최연소 총리이며 역대 최장 기간을 집권한 일본 총리에 기록을 보유한 인물이다. 그래서 아베의 이름에서 무엇이 그를 일본 역대 내각총리대신 중 7번째로, 또한 1930년 하마구치 오사치 이후 92년 만에 민간인에 의해 총기로 암살당한 전. 현직 총리로 피살당한 인물이 되었을까? 이를 분석해 보는 것도 의미가 깊다고 본다.

통치권자의 이름에서 흔하게 나타나는 3.4가 7.8을 보는 배합에 의해 무엇보다 한 나라의 총리로서 아베가 자리를 굳힌 이유가 바로 '베'의 4.8의 수리 때문이라 할 수 있다.

그래선지 아베는 2006년 고이즈미 준이치로의 뒤를 이어 처음 내각총리대신이 되었다. 거기에는 숨은 명예를 나타내는 '아'의 0.4가 이를 뒷받침해주고 있는 길성의 배합 덕이다. 그러나 그러한 반면에 '신'의 5.5.9가 지나치게 빨랐던 정치적 성공 탓인지 여러 문제점들을 노출하며 권위가 실추된 데다가 8.8.2의 흉한 기운이 건강상의 문제로 겹쳐, 단 1년 만에 총리직을 사퇴하면서 단명 총리로 남았었는데 그 이유가 5.5.9와 8.8.2의 흉한 수리배합의 작용 때문이다. 그 이유를 구체적으로 설명하면 나(1.2)를 극하는 중첩된 권력(7.8)의 수리를 두뇌(3.4)가 극제해 주어야 흉(凶)이 길(吉)로 변하는데 이를 극할만한 3.4가 없는 탓이다.

그렇지만 아베는 2012년 12월 총선거에 승리해 정권 교체에 성공하므로 총리직에 복귀했고, 연이어 중의원 총선거에서 압도적 다수 의석을 유지하므로 정권을 계속해 연장했다. 뿐만 아니라 불안정했던 일본의 내각제를 자신의 탄탄한 지지율을 기반으로 안정시켰으며, 단단한 권력 기반을 바탕으로 아베노믹스라는 경제적 측면에서 일본 경제를 상당 수준 활성화시켰다.

또한 외교적인면에서 아베는 미국에게 중국, 러시아, 북한 등 반서방 세력 견제를 위한 매우 중요한 조력자로 인식되었다. 아베노믹스나 아베독트린이 국제 사회에서 별 잡음없이 통과된 데에는 이 같은 배경이 깔려있다고 보면 된다. 반면 한국과 중국에서는 아베 신조의 그릇된 역사관을 이유로 들어 대일관계 악화의 원인으로 비판하기도 했다.

아베가 2020년 8월, 1차 사임 때와 같은 지병 문제를 이유로 총리직을 사임한 것도 '아'의 7.1과 '신조'의 8.8.2.7의 이름에서 여실히 나타나 있다. 이는 나를 나타내는 1.2를 중첩된 7.8이 극하면 건강에 이상이 생기고, 아울러 5.5.9.6 또한 재물을 나타내는 중첩된 5.6이 수명을 나타내는 9.0을 집중적으로 공격하면 이게 바로 사망문서에 해당하므로 명(命)을 단축하는 원인이 된다. '조'의 6.3과 7.6의 재물적인 길성에 의해 2021년 총선 이후 기존 파벌 회장 호소다 히로유키를 중의원 의장으로 보내고 자신이 직접 회장에 취임하여 정계 영향력을 과시했지만, 결국 '신조'에서 수명을 단축하는 강한 수리 배합에 의해 2022년 7월 8일, 참의원 선거 유세 중 총탄에 죽은 이유도 이렇듯 이름에서 뚜렷하게 증명하고 있다.

Why was Abe killed by bullets?

born in 1954
71 48 559 63
Shinzo Abe
04 59 882 76

Not long ago, on July 8, 2022, during a campaign speech by Kei Sato, a candidate for the 26th Japan House of Councilors general election, Tetsuya Yamagami, a former Maritime Self-Defense Force officer, was shot and killed at the age of 67. died

Abe is the first prime minister from the post-war generation who served as the 90th and 96th to 98th Prime Minister, the youngest prime minister after the war, and the person who holds the record as the Japanese prime minister who served the longest period in history. So, in Abe's name, what makes him the 7th Prime Minister of all time in Japan, and also the first time since Osachi Hamaguchi in 1930 was assassinated with a firearm by a civilian in 92 years. Could he have become the person who was murdered as the incumbent prime minister? I think it is also meaningful to analyze this.

It can be said that the number of 4.8 in 'be' is the reason why Abe solidified his position as the prime minister of a country above all by the combination of 3.4 and 7.8, which is common in the names of rulers.

Yes, Abe became the first Prime Minister in 2006, succeeding Junichiro Koizumi. There, the 0.4 of 'A', which represents hidden honor, is a combination of auspiciousness that supports it. However, on the other hand, 'God's 5.5.9' was exposed to various problems due to the excessively rapid political success, and his authority was lost, and the unsightly energy of 8.8.2 overlapped with health problems, resigning the post of prime minister in just one year. He remained a short-lived Prime Minister, due to the action of the ugly repair mix of 5.5.9 and 8.8.2. To explain the reason in detail, it is because the brain (3.4) must suppress the repair of the overlapping military power (7.8) that overcomes me (1.2) so that the bad (凶) becomes the good (吉), but there is no 3.4 that can overcome this. .

However, Abe returned to the post of prime minister after winning the general election in December 2012 and succeeding in the change of government, and continued to extend the government by maintaining an overwhelming majority in the subsequent general elections in the House of Representatives. He not only stabilized Japan's unstable cabinet system based on his solid approval rating, but also revitalized the Japanese economy to a considerable extent in the economic aspect of Abenomics based on a solid power base.

Also, in terms of diplomacy, Abe was recognized by the United States as a very important helper to contain anti-Western forces such as China, Russia, and North Korea. It can be said that this is the background behind Abenomics and Abedoctrin passed without much noise in the international community. On the other hand, in Korea and China, Shinzo Abe's wrong view of history was criticized as the cause of deteriorating relations with Japan.

The fact that Abe resigned as Prime Minister in August 2020, citing the same chronic illness as his first resignation, is also evident from the names of 7.1 in 'A' and 8.8.2.7 in 'Shinzo'. This means that if 7.8 overlaps 1.2 representing me, health problems occur, and if 5.5.9.6 overlapping 5.6 representing wealth intensively attacks 9.0 representing life span, this corresponds to the death document, so cause shortening. After the general election in 2021, by the financial fortune of 6.3 and 7.6 of 'Cho', he sent Hiroyuki Hosoda, the chairman of the existing faction, as the chairman of the House of Representatives, and took office as the chairman himself, showing off his political influence, but eventually shortening his life in 'Creed' The reason why he was killed by a bullet while campaigning for the House of Councilors election on July 8, 2022, due to a strong repair formula, is clearly demonstrated in the name.

安倍がなぜ銃弾で死んだのか?

1954年生まれ
71 48559 63
アベシンジョ
04 5988276

　先日、2022年7月8日、第26回日本参議院議員通常選挙のために佐藤慶候補の支援流税演説を行った中、元海上自衛隊自衛官出身の山上哲也の総弾により、今年67歳の日記で死亡した。
　安倍は第90代と96-98代の内閣総理大臣を務めた前後世代出身の最初の首相であり、戦後最年少首相であり、歴代最長期間を執権した日本首相に記録を保有した人物だ。だから安倍の名前から何が彼を日本歴代内閣総理大臣のうち7番目に、また1930年浜口大成以後92年ぶりに民間人によって銃器で暗殺された元。現職首相で被殺された人物になったのだろうか? これを分析してみるのも意味が深いと思う。
　統治権者の名前でよく見られる3.4が7.8を見る配合によ

り、何より一国の首相として安倍が席を固めた理由が、まさに「べ」の4.8の修理のためといえる。

　そういえば安倍は2006年、小泉純一郎の後に続いて初めて内閣総理大臣になった。そこには隠れた名誉を表す「あ」の0.4がこれを裏付けてくれているギルソンの配合のおかげだ。しかし、そのような反面、「神」の5.5.9が過度に速かった政治的成功のせいか、いくつかの問題点を露出し、権威が失墜されたうえに、8.8.2の凶悪なオーラが健康上の問題で重なり、たった1年で総理職を辞退し、短命首相として残ったが、その理由が5.5.9と8.8.2の凶悪な修理配合の作用による。その理由を具体的に説明すれば、私(1.2)を極める重なり合った軍力(7.8)の修理を脳(3.4)が極制してあげなければ胸が吉に変わるのにこれを極限な3.4がないせいだ。。

　だが安倍は2012年12月に総選挙に勝利し、政権交代に成功したため、総理職に復帰し、続いて中議員総選挙で圧倒的多数議席を維持するため、政権を継続して延長した。それだけでなく、不安定だった日本の内閣制を自身のしっかりした支持率に基づいて安定させ、堅い権力基盤を基にアベノミックスという経済的側面で日本経済を相当水準活性化させた。

　また、外交的面で安倍は米国に、中国、ロシア、北朝鮮など半西方勢力牽制のための非常に重要な助力者として認識された。アベノミックスやアベドクリンが国際社会であまりノイズなく通過したのにはこのような背景が敷かれていると見ればよい。反面、韓国と中国では安倍晋三の誤った歴史観を理由に挙げ、対日関係の悪化の原因として批判したりもした。

　安倍が2020年8月、1次辞任の時と同じ支病問題を理由に総理職を辞任したのも、「あ」の7.1と「信条」の8.8.2.7の名前で如実に現れている。これは私を表す1.2を重ね合わせ

た7.8が極めれば健康に異常が生じ、併せて5.5.9.6また、財物を表す入れ子になった5.6が寿命を示す9.0を集中的に攻撃するとこれがまさに死亡文書に該当するので命を短縮する原因となる。「組」の6.3と7.6の財物的な吉成により、2021年総選挙以後、既存の派閥会長・細田裕之を衆議院議長に送り、自身が直接会長に就任して政界影響力を誇示したが、結局「信条」で寿命を短縮する強い修理配合により2022年7月8日、参議院選挙遊世中銃弾に死んだ理由もこのように名前からはっきりと証明している。

소설가로 이름을 날린 것도 이름 때문

1922년생
13 57 89 59 59 01
미 우 라 아 야 코
79 13 45 15 15 67

　필자의 기억에 중등 시절 '빙점'이란 소설을 감명 깊게 읽었던 적이 있어, 그 후로 방영된 빙점이란 드라마를 한동안 넋 놓고 시청한 적이 있었다. 그래서 미우라아야코의 이름은 지금도 내 기억 속에 생생하게 남아 있다.

　이렇듯이 소설가로 유명한 22년생 미우라아야코는 인간의 원죄와 용서를 그린 '빙점'을 출간하면서 국내서도 300여회가 넘게 번역 및 출간이 이어졌고 드라마로도 제작되어 상당한 인기를 끌었다. 모르긴 몰라도 송혜교, 송승헌 등도 이 작품에 출연하므로 일약 스타덤에 올랐고 인기도 급부상했다고 볼 수 있다.

　따라서 미우라아야코의 이름을 분석해 보면 '미우라'의 1.3.5.7이 그의 재능을 잘 말해주고 있다 보니, 일본서 단행본으로 출간되어 71만 부라는 판매 부수를 기록하고 드라마로도 제작되어 큰 호평을 받았다. 그런데 그러한 원인이 9.5.9의 좋은 배합이 반복적으로 나타나 문서로 인한 호재를 누린 것이 아닌가? 그렇게 생각된다. 왜냐하면 9.5.9의 수리 배합은 학문이나 문서를 다루는 일에 퍼펙트한 수리 조합으로 남을 가르치는 직업이나 부동산 계통에서 활동할 때 그 진가가 두 배로 나타나기 때문이다.

그래선지 미우라아야코는 초등학교 교사로 7년간 근무했다. 이후 폐결핵 진단을 받아 투병생활을 하던 중, 절실한 기독교 신자인 친구의 영향을 받아 세례를 받았다. 그리고 1959년 미우라 미쓰요와 결혼하므로 집필 활동에만 전념했다. 그 결과로 1961년 잡지에 소설을 투고하며 등단했고 이후 1963년 아사히신문사 주최의 1,000만엔 현상 소설 공모전에 소설 '빙점(氷点)'이 입상하면서 커다란 화제를 불러 일으켰다.

이 또한 후천운에서 발현되는 5.1.5가 재물적인 배합에선 가장 좋은데 이러한 수리가 반복으로 나타난 이름이다보니 엄청난 부를 누리게 되었다. 또한 창조적인 아이디어와 두뇌를 나타내는 3.4가 선천 운 '미'에 1.3과 후천운 '우'의 1.3이 반복적으로 나타나다 보니 소설가로서 이름을 날릴 수밖에 없다.

정신과 두뇌를 나타내는 중첩된 3.4가 나의 세력을 나타내는 1의 생을 받다보니 정신세계에 몰두하므로 기독교 신앙에 몰입했고 그러다보니 사랑과 평화를 주제로 한 작품 활동에 집중했다. 그러다가 77세에 복합장기부전으로 생을 마감했다.

홋카이도 아사히카와에 위치한 미우라 아야코 기념문학관에는 집필 당시의 원고와 방대한 양의 취재 노트를 비롯한 각종 자료가 지금도 전시되어 있다.

He became famous as a novelist because of his name

born in 1922
13 57 89 59 59 01
Miura Ayako
79 13 45 15 15 67

In my memory, I read a novel called 'Freezing Point' in middle school, and I watched the drama called 'Freezing Point' for a while after that. That is why the name of Miura Ayako remains vivid in my memory even now.

As such, 22-year-old Miura Ayako, who is famous as a novelist, published "Freezing Point," which depicts human original sin and forgiveness, was translated and published more than 300 times in Korea, and was also produced as a drama, gaining considerable popularity. I don't know, but Song Hye-kyo and Song Seung-heon also appeared in this work, so it can be said that they rose to stardom and their popularity rose rapidly.

Therefore, when analyzing Ayako Miura's name, 'Miura's 1.3. But isn't that the reason why good combinations of 9.5.9 have repeatedly appeared and benefited from the documentation? I think so. Because the repair combination of 9.5.9 is a perfect repair combination for learning or document handling, its true value doubles when teaching others or working in the real estate system.

Maybe Ayako Miura worked as an elementary school teacher for 7 years. Later, while fighting tuberculosis after being diagnosed with it, he was baptized under the influence of a friend who was a desperate Christian believer. In 1959, he married Mitsuyo Miura, so he devoted himself entirely to his writing activities. As a result, he made his debut in 1961 by submitting a novel to a magazine, and later, in 1963, the novel "Freezing Point" won a prize in the 10 million yen prize novel contest hosted by the Asahi Shimbun, drawing attention.

In addition, 5.1.5, which is expressed in Hucheonun, is the best in material combination, and since this repair is a name that appears repeatedly, it has enjoyed tremendous wealth. In addition, 3.4, which represents creative ideas and brains, appears repeatedly with 1.3 in the congenital rhyme 'Mi' and 1.3 in the posterior rhyme 'Wu'.

As the overlapping 3.4, which represents the mind and brain, received the life of 1, which represents my power, I was immersed in the spiritual world, so I was immersed in the Christian faith, and as a result, I focused on work on the theme of love and peace. He died of multiple organ failure at the age of 77.

At the Ayako Miura Memorial Literature Museum located in Asahikawa, Hokkaido, various materials including manuscripts from the time of writing and a large amount of her interview notes are still on display.

小説家として名前を飛ばしたのも名前のせいで

1922年生まれ
13 57 89 59 59 01
三浦あやこ
79 13 45 15 15 67

　筆者の記憶に中等時代「氷点」という小説を印象深く読んだことがあり、その後放映された氷点というドラマをしばらく気にして視聴したことがあった。それで三浦綾子の名前は今も私の記憶の中に鮮やかに残っている。
　このように小説家として有名な22年生まれの三浦綾子は、人間の原罪と許しを描いた「氷点」を出版し、国内でも300回以上の翻訳や出版が続いてドラマでも制作され、かなりの人気を集めた。知らなくても、ソン・ヘギョ、ソン・スンホンなどもこの作品に出演するので一躍スターダムに上がって人気も急浮上したと見ることができる。
　したがって三浦綾子の名前を分析してみると、「三浦」の1.3.5.7が彼の才能をよく語ってくれているので、日本で単行

本で出版され、71万部という販売部数を記録してドラマでも制作され、大きな好評を得た。ところで、そのような原因が9.5.9の良い配合が繰り返し現れ、文書による好材料を享受したのではないか？ そう思われる。なぜなら9.5.9の修理配合は、学問や文書を扱うことにパーフェクトな修理組合で残りを教える職業や不動産系統で活動するとき、その真価が倍に現れるからだ。

そういえば三浦綾子は小学校教師として7年間勤務した。その後、肺結核診断を受けて闘病生活をしていた中、切実なキリスト教信者である友人の影響を受けて洗礼を受けた。そして1959年三浦三代と結婚するので執筆活動にのみ専念した。その結果、1961年雑誌に小説を投稿して登壇し、その後1963年旭新聞社主催の1,000万円現象小説公募展に小説「氷点」が入賞し、大きな話題を呼び起こした。

また、後天雲で発現する5.1.5が、財物的な配合では最良であり、このような修理が繰り返し現れた名前だから、膨大な富を味わうことになった。また、創造的なアイデアと脳を表す3.4が先天運「米」に1.3と後天雲「右」の1.3が繰り返し現れるので、小説家として名前を飛ばすしかない。

精神と脳を表すネストされた3.4が私の勢力を表す1の生を受けてみると精神世界に没頭するので、キリスト教信仰に没頭し、そうすると愛と平和をテーマにした作品活動に集中した。その後77歳で複合臓器不全で生を終えた。

北海道旭川に位置する三浦綾子記念文学館には、執筆当時の原稿や膨大な量の取材ノートをはじめとする各種資料が今でも展示されている。

자살한 이유가 이름에

1987년생
02 09 94 14 68 02
우 에 하 라 미 유
80 87 72 92 46 70

87년생인 우에하라 미유가 일본에서 '가난한 아이돌'이란 컨셉으로 인기를 모았던 그가 24세에 자택에서 목을 매어 사망한 사건이 발생했다. 그녀는 숨지기 전 자신의 블로그에 연애 문제와 관련된 고민을 적어놓았던 것으로 전해졌다. 산케이신문 등 현지 언론에 따르면 우에하라가 방 문에 스카프와 벨트를 걸어 목을 맨 상태로 새벽에 발견되었다. 평소 우에하라와 친분이 있던 남성이 이 같은 모습을 발견해 경찰에 신고했고 즉시 병원으로 이송됐지만 이미 심폐정지 상태였다고 한다.

이름에 9.0이 무리지어 있거나 9.0이 3.4를 반복적으로 나타나면 극단적인 선택을 순간적으로 하게 된다. 3.4는 나의 생각과 두뇌인데 9.0의 의해 극을 받으면 정신질환에 걸리거나 우울증에 시달린다. '에'의 0.9와 '하'에 9.4가 바로 자살로 이어지게 한 원인으로 보여 진다.

그녀가 자살하기 전 '정말 난 사랑을 할 수 없나보다'란 내용의 블로그 글을 남긴 것으로 미뤄 연애문제로 인한 비관인 것으로 경찰은 추정하고 있다.

보도에 따르면 우에하라는 자신의 블로그에 '현실적인 얘기'라는 제목의 글을 남겼고, 이 글에서 '사랑이 많은 여자였던 내가, 사랑하는 방법도, 연애하는 방법도 정말 알 수 없게 돼버렸다'고 적었다고 한다.

그녀는 또 '좋아하는 사람이 있다면 너무 행복해서 밥도 목구멍으로 넘어가지 않고, 하늘을 날고 싶은 기분일 것'이라며 '빨리 결혼하고 싶은데 지치고 초조하다'는 이러한 내용의 글도 남겼다.

이 또한 후천운에서 발현되는 남자를 나타내는 중첩된 8.7.7의 작용으로 이성에 대한 갈구와 목마름으로 나타나고 있다. 그런데다 이러한 8.7.7이 내 세력인 2를 사정없이 극하게 되면 심신이 미약해지면서 우울증에 시달리게 된다. 뿐만 아니라 1.2는 형제, 자매에 해당하므로 1.2가 7.8에 의해 극을 심하게 받게 되면 자신은 물론 형제 덕도 없게 된다.

그래선지 우에하라가 일본 예능프로그램에 출연하여, 10남매 중 막내로 태어나 부모, 형제들과 모두 한 방에서 숙식했고, 돈을 벌기 위해 고등학교를 중퇴하고 술집에서 호스티스로 일한 적이 있다고 고백했다. 아울러 중첩된 8.7.7.2는 자기 스스로를 상해하는 기운에 해당하고, 천간의 0.9.9.4는 내 생각과 사고를 나타내는 3.4를 9.0이 극하면 정신적인 불안 증상을 겪게 된다. 그러한 정신적 장애가 이름 안에서 강하게 작용하다보니 극단적인 선택을 하게 된 것이라 판단한다. 왜냐하면 그동안 우울증으로 자살을 선택한 이름들을 분석해 보면 거의 대부분 9.0이 3.4을 반복적으로 나타나 있는 경우가 대부분이기 때문이다. 잠시 동안 이나마 미유의 천간 6.8.0.2와 지지의 4.6.7.0의 상생으로 잘 흐르고 있어 예능인으로서의 인기를 끌었다고 풀이된다.

The reason for the suicide was in the name

born in 1987
02 09 94 14 68 02
Uehara Mi Yu
80 87 72 92 46 70

Uehara Miyu, born in 1987, gained popularity in Japan with the concept of a "poor idol," and at the age of 24 she died by hanging herself at home. She is said to have written about her struggles with her relationship problems on her blog before her death. According to local media such as the Sankei Shimbun, Uehara was found at dawn hanging from a scarf and belt hanging from the door of her room. A man who was acquainted with Uehara discovered this and reported it to the police.

If 9.0 is clustered in a name, or if 9.0 repeatedly appears in 3.4, an extreme choice is made in an instant. 3.4 is my thoughts and brain, but if it is polarized by

9.0, I get mental illness or suffer from depression. 0.9 in 'E' and 9.4 in 'Ha' appear to be the causes that led to suicide.

The police presumed that she was pessimistic due to her relationship problems, as she left a blog post with the content, "I guess I really can't love" before committing suicide.

According to her report, Uehara left an article titled 'Realistic story' on her blog, and in this article, she wrote, 'I, who used to be a woman with a lot of love, really don't know how to love or how to date.' It is said that

She also wrote, "If there is a person I like, I would be so happy that food would not go down my throat and I would feel like flying in the sky."

This also appears as a craving and thirst for the opposite sex due to the overlapping action of 8.7. However, if this 8.7.7 extremizes my power 2 mercilessly, the mind and body become weak and suffer from depression. In addition, since 1.2 corresponds to a brother or sister, if 1.2 is severely affected by 7.8, it loses its brotherly virtue as well as itself.

Uehara appeared on a Japanese entertainment program, she was born as the youngest of 10 siblings and lived in a room with her parents and brothers. She confessed that she once worked as a hostess. In addition, the overlapping 8.7.7.2 corresponds to the energy of self-injury, and the 0.9.9.4 of the celestial sphere represents my thoughts and thoughts, 3.4, and 9.0 is extreme, resulting in mental anxiety symptoms. It is judged that he made an extreme choice because such a mental disorder worked strongly in his name. This is because most of the cases where 9.0 and 3.4 appear repeatedly when analyzing the names who have committed suicide due to depression so far. For a while, it is interpreted that Miyu's 6.8.0.2 and Jiji's 4.6.7.0 are flowing well, and they have gained popularity as entertainers.

自殺した理由が名前に

1987年生まれ
02 09 94 14 68 02
上原みゆ
80 87 72 92 46 70

87年生まれの上原美由が日本で「貧しいアイドル」というコンセプトで人気を集めた彼が24歳で自宅で首を結んで死亡した事件が発生した。彼女は隠れる前に自分のブログに恋愛問題に関連した悩みを書き留めたと伝えられた。産経新聞など現地のマスコミによると、上原が訪問にスカーフとベルトをかけて首を見た状態で夜明けに発見された。普段上原と知り合いがあった男性がこのような姿を発見して警察に届け、すぐに病院に移送されたが、すでに心肺停止状態だったという。

名前に9.0が無理になっているか、9.0が3.4を繰り返し現れると、極端な選択を瞬間的にすることになる。3.4は私の考えと脳であるが、9.0によって極を受ければ精神疾患にかか

ったり、うつ病に苦しむ。「エ」の0.9と「下」に9.4がまさに自殺につながった原因とみられる。

彼女が自殺する前「本当に私は愛ができないかより」という内容のブログ文を残したことで遅れ恋愛問題による悲観だと警察は推定している。

報道によると上原は自身のブログに「現実的な話」というタイトルの文を残し、この文で「愛の多い女性だった私が、愛する方法も、恋愛する方法も本当に分からなくなってしまった」と書いたという。

彼女はまた「好きな人がいればとても幸せなので、ご飯も喉に渡らず、空を飛びたい気分だろう」とし「早く結婚したいのに疲れて焦る」という内容の文も残した。

また、支持体で発現されるネストされた慣性8.7.7は、異性に対するのどが渇いている。また、このような8.7.7が私の勢力である2を事情なく極破するので、自分はもちろん兄弟のおかげがないことを予告している。上原が日本芸能番組に出演し、10兄妹の末っ子に生まれ、両親、兄弟たちとも一部屋で熟食し、お金を稼ぐために高校を中退し、パブでホスティスとして働いたことがあると告白したという。それだけでなく、ネストされた8.7.7.2は自分自身を傷つけるオーラであり、千間の0.9.9.4が精神的な不安定を招くので極端な選択をさせた原因として作用した。

これまでうつ病で自殺を選択する名前を分析してみると、ほとんどの9.0が3.4を繰り返し見ている場合によく現れる症状だ。

それでも美由の天間6.8.0.2と支持の4.6.7.0の共生でよく流れており、芸能人としての人気を集めたと見ることができる。

김연아한테 우승을 빼앗긴 것은?

1990년생
37 11 57 97 30
아 사 다 마 오
04 88 24 64 06

아사다 마오는 2004-05 주니어 그랑프리 파이널과 주니어 세계선수권대회 우승을 시작으로, 2006년 일본에서 열린 그랑프리 파이널에서 우승을 했지만, 그해 3월 주니어 세계선수권에선 김연아한테 1위를 빼앗겼다.

이는 이름 첫 자 '아' 3.7의 영향이라 할 수 있다. 처음 불리우는 3은 타고난 재능을 말해 주나, 명성을 나타내는 7을 상극하므로, 성공과 실패가 반복된다. 그 이유는 명성을 나타내는 중첩된 8.8의 흉한이름에 재능인 3.4가 이를 억제하면 귀중한데 0이 4를 극하면 중첩된 8.8을 4가 극하지 못한다. 그러므로 명성을 주관하는 0.4의 귀중한 배합과 8.8의 흉한 배합이 서로 공존하는 이름 때문에 성공과 실패가 반복되었다.

김연아와 아사다마오는 서로 연적 관계로 그동안 우승을 주고받았지만 결국 동계올림픽에서 김연아한테 우승을 빼앗겼다. 2008 세계 선수권대회 종합 1위를 차지한 아사다마오가 그 다음 해 2009년 세계 피겨 선수권대회서 김연아한테 우승을 빼앗기고 아사다마오는 4위에 머무는 부진을 면치 못했다. 그 이유도 알고 보면 '아' 3.7의 영향 때문이라 할 수 있다.

그렇지만 '다'의 5.7은 재물이 명성을 생해 줌으로 재물적인 호재를 나타낼 수 있었고, '마'가 9.7로 상생되면서 명예에도 연속적인 두각을 나타내었다. 그래선지 몰라도 2009-10 시즌 국제대회에 우승하여, 2년 만에 사대륙 선수권 챔피언 자리를 탈환하므로 일본 선수로는 처음으로 국제 대회 10회 우승을 달성한 장본인이 되었다. 또한 이탈리아 토리노에서 개최된 2010년 세계 선수권에서는 금메달을 획득하며 세계선수권 대회 2회 우승기록을 남겼다.

이와 같은 우승도 이름에서 충분히 엿볼 수 있다. 이름의 맨 끝자 '오' 3.9는, '마'의 9.7이 명예를 나타내는 7을 재능 3이 극하는 것이 불길한데, 이를 학문 9가 극제하면 도리어 명예가 살아난다. 그러므로 오랫동안 명성과 인기를 구가할 수 있었다고 본다.

무엇보다 2010년 벤쿠버 동계올림픽에서 또 다시 김연아 선수에게 금메달을 내주면서, 2010-11년 시즌에는 최악의 기록을 연속했다. 그로인해 그랑프리 피겨스케이팅 파이널에 출전할 수 없게 된 이유 또한 성공을 나타내는 7.3.0의 수리와 실패를 나타내는 '아' 3.7이 이름 안에서 서로 공존하기 때문이다. 이로써 2011년 세계 선수권대회에서 종합 6위를 마감하면서 아사다마오의 선수 생활은 그로인해 서서히 막을 내렸다.

무엇보다 후천운에 발현되는 이름의 기운으로 인해 지도자의 길로 접어들 확률이 매우 높고, 또 그리했을 때 선수 생활 못지않게 그 기량을 백 프로 발휘할 것으로 예견된다. 이는 '아' 0.4와 '마오'의 천간 7.3.0와 지지 4.0.6에서 지도자의 길로 가는데 한 몫 거들고, 5.7.9의 역마성 수리와 2.4.6의 재능의 수리가 재물로 이어주는 상생의 배합에서 이를 잘 대변해 주고 있다. 따라서 이와 같이 추측해 보는 것도 어떻게 보면 이름에서 발현되는 기운 때문이다.

What did Yuna Kim lose the championship to?

born in 1990
37 11 57 97 30
Asada Mao
04 88 24 64 06

Mao Asada started by winning the 2004−05 Junior Grand Prix Final and the Junior World Championships, then won the Grand Prix Final held in Japan in 2006, but lost first place to Yuna Kim at the Junior World Championships in March of that year.

This can be attributed to the influence of 3.7, the first letter of the name 'ah'. The first 3 that is called speaks of innate talent, but it contradicts the 7 that represents fame, so success and failure are repeated. The reason is that the ugly name of the overlapping 8.8, which represents fame, is valuable if the talent 3.4 suppresses it. Therefore, success and failure were repeated because of the name in which the valuable combination of 0.4 and the ugly combination of 8.8, which governed fame, coexisted with each other.

Kim Yeon Ah and Asada Mao had been exchanging championships for a long time due to their rivalry, but eventually lost the championship to Kim Yu-na at the Winter Olympics. Mao Asada, who won the overall first place at the 2008 World Championships, lost the championship Kim Yeon Ah at the 2009 World Figure Skating Championships the following year, and Asada Mao remained in fourth place. If you know the reason, it can be said that it is because of the influence of 'Ah' 3.7.

However, 5.7 of 'C' was able to show material good fortune as wealth gave birth to fame, and 'Ma' showed successive prominence in honor as it coexisted with 9.7. Be that as it may, by winning the international competition in the 2009-10 season and regaining the title of champion at the Four Continents Championship in two years, he became the first Japanese player to win 10 international championships. Also, at the 2010 World Championships held in Turin, Italy, he won the gold medal, leaving a record of winning the World Championships twice.

Such a victory can be seen enough in the name. It is ominous that talent 3 exalts 7, which represents honor, and 9.7 in 'ma', the last character of the name 'oh', 3.9, but if academic 9 exalts this, honor will be revived. Therefore, I think it has been able to enjoy fame and popularity for a long time.

Above all, she continued her worst record in the 2010-

11 season, giving away the gold medal to Yuna Kim again at the 2010 Vancouver Winter Olympics. The reason why he couldn't participate in the Grand Prix Figure Skating Final is also because the repair of 7.3.0, which represents success, and the 'ah', 3.7, which represents failure, coexist in the name. As a result, Mao Asada's career as a player gradually came to an end as he finished 6th overall at the 2011 World Championships.

Above all, the probability of entering the path of a leader is very high due to the energy of the name that is expressed in the afterlife, and when that happens, it is predicted that he will demonstrate his skills 100% as much as he did during his career as a player. This is a win-win combination that helps to go to the path of a leader in 'Ah' 0.4 and 'Mao's 7.3.0 and Jiji 4.0.6, and connects the repair of reverse magic in 5.7.9 and the repair of talent in 2.4.6 to wealth. represents this well. Therefore, guessing like this is because of the energy expressed in the name in a way.

フィギュア選手浅田真央

1990年生まれ
37 11 57 97
アサダオ
04 88 24 64

キム・ヨナに優勝を奪われたのは?

1990年生まれ
37 11 57 97 30
あさだまお
04 88 24 64 06

　浅田真央は2004-05ジュニアグランプリファイナルとジュニア世界選手権大会優勝を皮切りに、2006年日本で開かれたグランプリファイナルで優勝したが、その年3月ジュニア世界選手権ではキム・ヨナに1位を奪われた。
　これは名前の最初の文字「ああ」3.7の影響と言える。初めて呼ばれる3は、生まれつきの才能を語ってくれるが、名声を表す7を相剋するので、成功と失敗が繰り返される。その理由は、名声を示すネストされた8.8の凶悪な名前に才能のある3.4がこれを抑制すれば貴重なのに0が4を極めればネストされた8.8を4が極めることができない。したがって、評判を主管する0.4の貴重な配合と8.8の凶悪な配合が互いに共存する名前のために成功と失敗が繰り返された。
　キム・ヨナと浅田真央はお互いの連敵関係でこれまで優勝を交わしたが、結局冬季オリンピックでキム・ヨナに優勝を

奪われた。2008世界選手権大会総合1位を占めた浅田真央が、翌年2009年世界フィギュア選手権大会でキム・ヨナに優勝を奪われ、浅田真央は4位にとどまる不振を免れなかった。その理由も知ってみれば「ああ」3.7の影響のためといえる。

しかし、「ダ」の5.7は富が名声を生み、ズームで財物的な好財を表わすことができ、「魔」が9.7に共生し、名誉にも連続的な頭角を示した。そうではなくても2009-10シーズン国際大会に優勝し、2年ぶりに四大陸選手権チャンピオンの座を奪還することで日本選手では初めて国際大会10回優勝を達成した張本人となった。またイタリアトリノで開催された2010年世界選手権では金メダルを獲得し、世界選手権大会2回優勝記録を残した。

このような優勝も名前で十分に垣間見ることができる。名前の一番最後の「ああ」3.9は、「魔」の9.7が名誉を表す7をオ能3が剋することが不吉であるが、これを学問9が極制すればドリア名誉が生き返る。だから長い間、名声と人気を謳歌することができたと思う。

何よりも2010年のベンクーバー冬季オリンピックで再びキム・ヨナ選手に金メダルを出して、2010-11年シーズンには最悪の記録を連続した。そのためグランプリフィギュアスケートファイナルに出場できなくなった理由 また、成功を示す7.3.0の修理と失敗を示す「あ」3.7が名前の中で互いに共存するためだ。これで2011年世界選手権大会で総合6位を締め切り、浅田真央の選手生活はそのため徐々に幕を下ろした。

何より後天雲に発現する名前のオーラによってリーダーの道に入る確率が非常に高く、また描いた時選手生活劣らずにその技量をバックプロ発揮すると予想される。これは「ああ」0.4と「真央」の千間7.3.0と支持4.0.6から指導者の道へ

A secret with a name that even surprises the world

行くのに一役買っており、5.7.9の逆魔性修理と2.4.6の才能の修理が富につながる相生の配合でこれをよく代弁してくれている。したがって、このように推測してみるのも、どうすれば名前で表現されるオーラのためだ。

왜 구성성명학인가?

　어느 목사의 개척교회 시절 이야기다. 교회 재정이 어렵다보니 당연히 헌금에 관심이 쏠릴 수밖에 없었을 때다. 그런데 어느 날 새로 들어온 사람이 헌금봉투에 '백만원'이라 적었다. 그래서 목사는 그렇잖아도 교회 살림이 어려운 참에 새로 온 사람이 백만 원을 냈다고 생각하니 너무 고맙고 반가워 그 사람만을 위한 봉헌기도를 따로 해 주었다.
　그리고 예배가 끝난 후, 모두 돌아간 다음 헌금봉투를 하나하나 열었다. 그런데 '백만원'이라 쓴 봉투에 백만 원을 없고 천 원짜리 한 장만 달랑 들어 있었다. 알고 보니 그 사람의 이름이 '백'씨 성에 이름이 '만원'이었다. 어쨌거나 잠시 동안 '백만원'이란 이름 때문에 행복할 수 있었으니 그나마 다행이라 해야 할까? 물론 웃자고 한 얘기가 될 수 있겠지만 아주 오래전 어느 목사의 실제의 이야기다.
　그러나 이름은 단순히 웃고 넘어갈 정도의 가벼운 것이 아니라 이름에서 불리우는 소리 파동에 의해 흔히 일어날 수 있는 일이기에 매우 중요하다.

'백만원'이란 이름의 주인공은 그 이름의 소리 에너지에 의해 그야말로 백만 원 정도의 인생 밖에 살수 없게 된다. 차라리 그 이름이 아닌 다른 이름이었다면 그보다 훨씬 풍요로운 삶을 살 수도 있었을지 누가 아는가!

그렇다면 이름이 왜 중요한가?

입으로 불러서 겉으로 나타나는 음향을 소리음이라 한다. 짐승이 울거나 소리를 치거나 고함을 지르는 것은 자신이 생각했던 마음속의 뜻을 상대에게 알리기 위한 수단이다. 또한 노래를 부르거나 말을 하는 것도 그 뜻을 알리기 위한 수단으로 소리를 낸다. 소리가 입을 통해 뇌신경으로 전달 받고 난 다음에는 곧바로 소리는 죽어버리지만, 이어서 뇌신경에서는 소리를 통하여 받아들인 상대방의 뜻을 분석한다. 그 소리의 뜻이 뇌신경에서 분석되면 또 다시 말초신경으로 보내져서 곧바로 그 뜻에 따라 각각의 반응으로 나타난다. 예를 들어 사랑과 정염의 뜻이 전달되면 신체에서 이상반응이 일어나고, 맛없는 음식의 뜻이 전달되면 코를 찡그리거나 구역질을 하고 눈살을 찌푸린다.

이와 같이 소리에는 그 소리 속에 깊고 강한 뜻이 담겨져 있다. 그러기 때문에 평생을 통해 타인의 입을 통해 불러주는 이름에는 그 속에 잠재한 뜻의 기운이 파장을 일으켜 운명에 영향을 미치게 된다. 따라서 이름을 부를 때의 소리는 금방 사라져 버리지만 이름의 좋고 나쁜 뜻에 의해 에너지가 쌓이고 또 쌓이면서 그 이름의 효과에 의해 운명이 만들어지게 된다.

모든 이름에는 그 부르는 소리에 의해 저마다의 성격이 형성되고 두뇌가 발달하며 정신과 건강에 영향력을 미치면서 좋고 나쁜 사람으로 분류된다. 그래서 아기가 출생하면 곧바로 좋은 이름을 지어서 불러주려고 노력들을 한다.

이와 같이 이름은 당사자의 운명에 상당한 영향력을 갖고 있기 때문에 함부로 지어서도 또한 가볍게 여겨서도 안 된다. 그런데 목사들이 이 이름의 중요성을 깨닫지 못하니까 아기가 태어나 목사한테 이름을 의뢰하면 주로 하나님의 은혜로 태어났다 하여 '하은' 혹은 하나님의 영광을 나타내라고 '영화', '영광', 또는 예수님의 지혜를 닮으라고 '지혜', '사랑', '은혜' 등의 이름으로 지어주곤 한다. 그러나 그러한 이름들이야 말로 구성성명학으로 풀이했을 때 당사자의 운명을 가난과 궁핍으로 몰아넣고 있다는 사실이다.

　이들은 목사가 지어준 흉한 이름 때문에 사는 것이 고달프고 힘이 드니까 그 문제 해결을 위해 새벽 기도에 나가 죽어라 기도한다. 하지만 성경을 조금만이라도 이해한 사람이라면 하나님은 그런 기도에 응답하지 않으신다는 점이다. 만약 기도의 응답이 있다면 그거야 말로 거짓 악령의 짓이다. 앞서도 잠깐 설명했지만 영생을 위한 기도만 하나님께서 온전히 들어 주신다고 했다.

　인간은 어머니 뱃속에서 생명의 씨앗이 형성될 때 이미 부모가 가지고 있는 천지의 기운과 우주(하나님)의 기운이 서로 합을 이루어 생명의 운을 틔우고 형상이 정해지기 시작한다. 그리고 세상에 태어나는 순간, 그에 적합한 자기만의 고유한 기운을 가지게 되고, 이 기운이 매일, 매월, 매년 그리고 매 십년을 주기로 찾아오는 여러 가지 성질의 기운에 의해서 서로 조화를 이루며 길흉화복의 운명을 만들어 낸다.

　이름도 이와 마찬가지다. 이름에서 발현되는 소리의 에너지에 의해 당사자의 운명(컨디션)이 매일, 매월, 매년에 변화무쌍하게 나타난다는 사실이다. 흉한 이름을 평생을 통해 불러 주게 되면 그 이름의 흉한 기운에 의해 삶이 곤고하고 가난하여 풍파를 겪게 된다. 아울러 명예와 권력을 갖고 태어났더라도 이름에 흉한 기운이 감돌면 남들로부터 평가 절하되고 구설이 분분해진다.

그러므로 타고난 운명이 가난하게 태어났다면 그 운명대로 궁핍하게 살아갈 수밖에 없다. 즉 거지가 다 떨어진 옷을 입고 있으면 그대로 거지 취급을 받게 되지만, 비록 거지라도 그 운명에 고급스런 옷이라도 입고 있으면 최소한 남들로부터 거지 취급은 당하지 않게 된다.

이는 타고난 운명에 어떤 옷을 입히느냐에 따라 당사자의 운명이 달라진다는 점이다. 재물도 마찬가지다. 부자로 타고 났더라도 이름이 흉하면 즉 다 헤진 옷을 입고 있으면 빛 좋은 개살구가 된다. 그러므로 속빈 강정이 된다. 이와 같이 이름은 옷과 같은 존재다.

타고난 운명은 신의 영역이라 우리 스스로 바꿀 수 없지만 이름은 얼마든지 바꿀 수 있기에 그래서 이름이 매우 중요한 거다.

유독 우리나라만 성명학에 대한 종류가 다양하게 있다. 그중 가장 많이 사용하는 것이 한문획수로 풀이하는 81수리 원형이정의 수리학이다. 그 외는 곡획성명학, 자원음양오행학, 삼원오행성명학, 측자파자 성명학, 광미명성학, 주역 64괘 성명학과 자음파동성명학 등이 있다.

그렇지만 그 어떤 성명학보다 구성성명학은 소리의 근간이라 할 수 있는 파동성명학이자 타고난 운명을 그대로 성명학에 접목한 파워(Power energy) 성명학이다. 그러므로 불러 주는 파동의 에너지에 의해 당사자의 운명이 좌지우지 된다. 즉 남들의 입을 통해 '너 망해라. 망해라'하면 망하고, '넌 성공할거야. 성공할거야' 하면 성공한다. 그러기에 부모가 작명가를 통해 이름을 지어주었든, 아님 목사나 스님이 지어주었든 그렇지 않고 직접 지어주었던 간에, 재미있는 사실은 타고난 운명대로 이름을 짓는다는 점이다. 이게 바로 우주(하나님)의 기운인 소리에너지(氣)의 작용이다.

따라서 불러주는 이름 안에 흉한 기운이 감돌고 있으면 그 이름의 당사자는 실패와 좌절로 위축되어 그로인해 낙후된 삶을 살게 되므로 이름의 중요하다 한 거다.

무엇보다 한글은 세종대왕께서 소리에 근간을 두고 창제된 독보적인 세계적 문화유산이다. 우리가 대한민국에 태어나 한글을 사용하는 것만으로도 충분히 자긍심을 가질 수 있다. 그 어떤 나라보다 이름을 통해 타고난 운명을 보완하고 개운하여 살 수 있으니 이 얼마나 복 받은 나라인가!

한글은 입모양을 본 따 만든 소리글자다. 따라서 소리가 나는 모든 소리에는 그 오행에 따른 소리에너지가 태어난 년도와 이름에 조화를 일으켜 제 2의 후천적 운명을 생성해 내는 것이 이름이다.

그렇다면 왜 구성(口姓) 성명(姓名)인가?

낮에는 표정이나 제스처로 자신의 생각을 표현 할 수 있지만, 저녁때가 되면 날이 어두워 표정이나 제스처가 보이지 않는다. 그래서 입을 통해 자신의 의사를 전달하게 된다. 따라서 저녁 석(夕)자에 입 구(口)자를 합성해 명(名)이 되는 것이 이름(姓名)이다. 아울러 이름이란 사람들이 늘 불러주는 소리, 즉 입 구(口), 소리 성(聲)이 바로 한글구성(口聲)이다.

한글은 발음기관과 천지인(天地人)을 본떠서 만든 닿소리 19자와 홀소리 14자로 모든 소리를 만들어 낼 수 있는 세계에서 가장 으뜸가는 소리글자다. 그래서 파동성명인 구성성명의 이름에 대한 중요성을 피력하는 바다.

why sound name?

It is the story of a pastor when he was in a pioneering church, when the church had difficult finances, so naturally, he had no choice but to focus his attention on donations. But one day, a newcomer wrote 'one million won' in the donation envelope. So, the pastor was so grateful and happy to think that a newcomer paid 1 million won while living in the church was difficult.

And after the service, everyone went home and opened the donation bags one by one. However, there was no one million won in the envelope with the word 'million won' written on it, but only one thousand won bill. It turned out that the person's first name was 'Baek' and his last name was 'Won Won'. Anyway, for a while, I was able to be happy because of the name 'million won', so should I say it's fortunate? Of course, this may be a joke, but it is a true story of a pastor a long time ago.

However, the name is very important because it is not

something light enough to simply laugh at, and it can happen often by the sound waves called from the name.

The main character with the name 'one million won' can only live a life of about one million won by the sound energy of that name. Rather, who knows if he could have lived a much richer life had it been any other name than that!

So why are names important?

The sound produced by the mouth is called a sound sound. When an animal cries, shouts, or yells, it is a means to let others know what it thinks in its heart. Singing or speaking also uses sound as a means of conveying its meaning. After the sound is transmitted to the cranial nerve through the mouth, the sound dies immediately, but the cranial nerve then analyzes the intention of the other party through the sound. When the meaning of the sound is analyzed in the cranial nerve, it is sent to the peripheral nerve again and immediately appears as a response according to the meaning. For example, when the meaning of love and passion is conveyed, an abnormal reaction occurs in the body.

In this way, a sound has a deep and strong meaning in it. For this reason, the energy of the latent meaning in the name that is called through the mouth of others throughout life will have a ripple effect and affect the fate. Therefore, the sound when a name is called disappears quickly, but as energy accumulates and accumulates due to the good and bad meaning of the name, fate is created by the effect of the name.

All names are classified as good and bad by the sound they call. So, when a baby is born, they try to call them by a good name right away.

As such, the name has a considerable influence on the fate of the person concerned, so it should not be used casually nor should it be taken lightly. However, since the pastors do not realize the importance of this name, when a baby is born and a name is requested from the pastor, they are told that they were born mainly by God's grace, so they are told to show 'goodwill' or 'glory', or the wisdom of Jesus. They are often given names such as 'wisdom', 'love', and 'grace' to resemble them. However, it is the fact that such names are driving the fate of the party into poverty and deprivation when interpreted with constructivism.

Because of the ugly name given by the pastor, living is hard and difficult, so they go out to prayer at dawn to solve the problem and pray for death. However, if you understand the Bible even a little, God does not answer such prayers. If there is an answer to prayer, it is the work of a false evil spirit. I explained briefly before, but he said that only prayers for eternal life are fully answered by God.

When the seed of life is formed in the mother's womb, the energy of heaven and earth and the energy of the universe (God) already possessed by the parents are combined to create luck of life and the shape begins to be determined. And at the moment of being born into the world, it has its own unique energy suitable for it, and this energy harmonizes with each other by the energy of various qualities that come every day, month, year, and every ten years to create the fate of the lucky charm. .

The name is the same. It is the fact that the fate (condition) of the person is changed every day, month, and year by the energy of the sound expressed in the name. If you call an ugly name throughout your life, your life will be wretched and poor due to the bad energy of that name. In addition, even if you were born with honor and power, if your name has an ugly aura, you will be devalued by others and gossip will be divided.

Therefore, if you are born poor with your innate destiny, you have no choice but to live in poverty according to your destiny. In other words, if a beggar wears worn-out clothes, he will be treated as a beggar, but even if he is a beggar, if he wears luxurious clothes, at least he will not be treated as a beggar by others.

The point is that the fate of the person concerned depends on what kind of clothes they wear to their innate fate. The same goes for wealth. Even if you are born rich, if you have a bad name, that is, if you wear worn-out clothes, you will become a bright, bright apricot. Therefore, it becomes a hollow gangjeong. In this way, names are like clothes.

Our innate destiny is in the realm of God and we cannot change it ourselves, but we can change our name, so the name is very important.

Only in Korea, there are various types of name studies. Among them, the most used is the mathematical science of 81 arithmetic and original definition, which is interpreted by the number of Chinese strokes. Others include the goghoeg name of resource yin-yang and five element, three-won five planet, cheugjapaja name gwangmi-myeongseonghak, and the protagonist 64trigrams, of Consonant wave name.

However, more than any other phonology, constructive phonology is a wave phonology that can be said to be the basis of sound and a power energy phonology that grafts its innate destiny into phonology. Therefore, the fate of the party is dictated by the energy of the wave that summons it. That is, through the mouths of others, 'You are ruined. If you say, 'You will fail,' you will fail, and 'You will succeed. You will succeed." So, regardless of whether your parents gave you a name through a noun, or whether a pastor or a monk gave you a name, the interesting thing is that you name your name according to your innate destiny. This is the operation of sound energy, the energy of the universe (God).

Therefore, if there is an unfavorable energy in the name that is being called, the person with the name will be withdrawn from failure and frustration, and as a result, the name is important because it leads to a backward life.

Above all, Hangeul is an unrivaled world cultural heritage created by King Sejong the Great based on sound. Just being born in Korea and using Hangeul is enough to make us proud. What a blessed country it is because it is possible to live a happy life by supplementing the innate destiny through its name more than any other country!

Hangeul is a phonetic alphabet created after the shape of the mouth. Therefore, in all sounds, the name is the creation of a second acquired destiny by harmonizing the year of birth and the name of the sound energy according to the five elements.

So, why a sound name?

You can express your thoughts with facial expressions or gestures during the day, but in the evening it is dark and you cannot see your expressions or gestures. So they communicate their intentions through their mouths. Therefore, it is a name (姓名) by combining the character of the evening(夕) with the character of the mouth(口). In addition, the sound that people always call the name, that is, the mouth(口) and the sound(聲), is the sound name of Hangeul

Hangeul is the world's best phonetic alphabet that can make all sounds with 19 letters and 14 holes, created after the pronunciation organ and the people of heaven and earth. That is why I emphasize the importance of the name of the constituent statement, which is a wavering statement.

덩샤오핑이 세 번 결혼한 이유는?

1904년생
977 51 73 457
덩 샤 오 핑
311 95 17 891

　덩샤오핑은 의지가 굳고 매우 지적인 농부 출신으로 프랑스서 유학한 공산주의 혁명가다. 그는 누구보다 체구가 극히 작았지만 쓰촨성 광안의 한 작은 마을에서 태어나, 세계에서 인구가 가장 많은 나라의 거대한 인물로 부상하였다.
　그의 이름 '덩' 9.7.7은 학문인 9가 명예 7로 상생되면서 프랑스 유학을 꿈꾸게 했으며, 학문에 대한 열정이 강하게 나타나다 보니, 프랑스 유학시절 르노 자동차에서 트랙터를 만드는 금속노동자로 일하게 했다.
　'샤' 5.2에서 보면 부인을 나타내는 5를 1이 극하면 파재가 일어나는데 이러한 흉성 1을 명성 7을 극제하면 다시 부인 5가 살아나는 길(吉)로 바뀐다. 그런데 이러한 7을 두뇌와 사고를 나타내는 3이 이를 극하면 부인을 극하는 1을 제어하지 못한다. 그렇게 되면 부부 이별수를 겪게 된다.

그가 세 번의 결혼을 했는데, 첫 번째 부인은 첫아이를 낳고 며칠 뒤 죽었고, 두 번째 부인은 1933년 정치적인 공격을 받게 된 후 떠났다. 세 번째 부인과 1939년 재혼해서 2남 3녀의 자식을 두었다. 이 또한 덩샤오핑의 이름에서 여실히 나타나 있듯이 후천운에 집중적으로 부인을 극하는 중첩된 '덩'의 1.1의 영향 탓이라 할 수 있다.

그렇지만 후천운을 주관하는 '덩' 3.1.1은 명석한 두뇌를 나타내는 3이 나의 세력인 1.1의 생을 받으므로 당 부주석 겸 정치국 상무위원이 되었다. 이 또한 나를 중심으로 세력이 확장된 때문에 1976년 천안문 사태로 실각하였지만 이듬해 다시 전 직위를 회복하였다.

'오' 7.3은 겁재 2가 편재 5를 상극하는 것을 7이 극제시키므로 재성 5를 살려준 묘미가 특이하다. 무엇보다 이러한 이름의 영향으로 1926년 모스크바 중산 대학에서 수학하였고, 1929년 정치위원이 되고 나서, 1945년 공산당 중앙위원이 된 후 그의 입지는 날로 더해갔다. 심지어 국무원 부수상. 재정 부장. 당 정치국 상무위원 겸 총서기. 중소 회담 중공 측 대표단장 등을 역임하면서 중국내 그의 위상은 높아만 갔다.

또한 1957년 반우파 투쟁에서 마오쩌둥을 공식적으로 지원한 후, 공산당 비서장이 되었고, 대약진 운동의 실패로 인한 아사 사태로 마오쩌둥에게 비판의 화살이 쏟아지자, 그로인해 그는 더 큰 권력을 장악하게 되었다.

이 또한 '핑' 4.5.7에서 보면 두뇌 4가 재물 5를 생해주고 이러한 5가 명예 7로 이어지면서 그가 실절적인 권력을 쥐게 되었다. 그때 그가 합리적인 생각의 경제개혁을 시작했고, 또한 그로 인해 당 조직과 전체 인민 사이에서 세력을 키울 수 있었다.

그럼에도 사고와 두뇌를 나타내는 중첩된 3.4가 명예를 주관하는 7을 극하므로 1966년 문화혁명을 개혁하다 그로인해 실권을 당했다. 그렇더라도 바로 연결되는 4.5.7의 영향으로, 1973년 부수상으로 다시 복권된 것도 이러한 이름의 수리배합 때문이다.

무엇보다 당시 그가 겪은 가장 큰 고충 중에 하나는 홍위병에 쫓겨 이리저리로 도망 다니던 큰 아들이 추락사고로 장애인이 된 것이다. 이 또한 자식을 나타내는 '덩'의 중첩된 7.7과 7.8의 반복된 배합과 자식을 극하는 '오핑'에서의 7.3.4의 수리에서 자식으로 인한 애로가 있는 것을 확인할 수 있다.

아울러 그가 1982년까지 당 부주석. 참모 총. 부수상. 당 중앙 군사위원회 주석 등을 지냈고, 1987년 중국 당 국가 중앙 군사위원회 주석. 정치국 상무위원. 공산당 중앙 고문위원회 주임을 겸직하여 중공 최고 정치 실력자로 군림하였다. 이는 후천운 '핑' 8.9.1의 공로였다고 볼 수 있다.

1979년에서부터 1994년 은퇴하기 전까지 그의 개혁은 어디에서도 볼 수 없는 인류 복지 향상의 가장 큰 영향을 가져왔다. 또한 공산주의 틀 안에서 외국 자본에 경제를 개방하였고 시장을 개방했다. 그리고 퇴임 후 1997년 2월 19일 장쩌민을 권력에 중심에 올려놓은 후, 오랜 동안 노환과 숙환에 시달리다 베이징에서 사망하였다.

Why is Deng Xiaoping married three times?

born in 1904
977 51 73 457
Deng Xiaoping
311 95 17 891

Deng Xiaoping is a strong-willed and highly intelligent peasant revolutionary who studied in France. He was born in a small village in Guang'an, Sichuan Province, although he was extremely small than anyone else, and emerged as a huge figure in the most populous country in the world.

His name, 'Deng' 9.7.7, made him dream of studying in France as the academic 9 was coexisting with the honorary 7, and his passion for learning was strong, so he worked as a metal worker making tractors for Renault Motors while studying in France.

In 'Sha' 5.2, if 5 representing the wife and 1 are

A secret with a name that even surprises the world 257

extreme, destruction occurs. However, if the 3 representing the brain and thinking of this 7 is extreme, it cannot control the 1, which is the extreme of denial. If that happens, the couple will experience a divorce.

He married three times, the first wife dying a few days after giving birth to their first child, and the second leaving in 1933 after coming under political attack. He married his third wife in 1939 and had two sons and three daughters. This can also be attributed to the 1.1 influence of overlapping 'Deng' who intensively avoids denial, as clearly shown in Deng Xiaoping's name.

However, 'Deng' 3.1.1, who supervises the future fortune, became the Vice-President of the Party and a member of the Standing Committee of the Politburo, because 3, which represents a brilliant brain, was given the life of 1.1, my force. I was also deposed due to the Tiananmen Square Incident in 1976 because the power expanded around me, but the following year I regained my previous position.

'Oh' 7.3 is unique in that it saved Jaeseong 5 because 7 suppressed the conflict between Gyeomjae 2 and Omnipresent 5. Above all, under the influence of this name, he studied at Zhongshan University in Moscow in 1926, became a political commissar in 1929, and became a member of the Central Committee of the Communist Party in 1945, and his position increased day by day. Even the Deputy Prime Minister of the State Council, finance manager, Member of the Politburo Standing Committee and General Secretary. While serving as the head of the Chinese delegation to the Sino-Soviet talks, his status in China increased.

In addition, after officially supporting Mao in the anti-rightist struggle in 1957, he became the secretary general of the Communist Party, and when the arrows of criticism fell on Mao due to starvation due to the failure of the Great Leap Forward, he gained greater power. came to take control

Also, in 'Ping' 4.5.7, 4 brains produce 5 wealth, and these 5 lead to 7 honor, giving him practical power. At that time, he started a rational economic reform, which also allowed him to strengthen the party organization and the people as a whole.

Nonetheless, the overlapping 3.4, which represents thinking and brain, overrode the 7, which governs honor, so he reformed the Cultural Revolution in 1966 and was deprived of power as a result. Even so, under the influence of 4.5.7, which is directly connected, the reason why it was reinstated as deputy prime minister in 1973 is because of the repair combination of this name.

Above all, one of the biggest difficulties he experienced at the time was that his eldest son, who had been running around from place to place chased by the Red Guards, became disabled in a crash. In addition, it can be confirmed that there are difficulties due to children in the repeated combination of overlapping 7.7 and 7.8 of 'Deng', which represents children, and the repair of 7.3.4 in 'Oping', which maximizes children.

In addition, he served as vice-president of the party

until 1982. staff gun. deputy award. He served as the chairman of the Central Military Commission of the Party and, in 1987, the chairman of the Central Military Commission of the People's Republic of China. Member of the Politburo Standing Committee. He also served as the head of the Central Advisory Committee of the Communist Party and reigned as the most powerful political figure in the CCP. This can be seen as the contribution of Hucheonun's 'Ping' 8.9.1.

From 1979 until his retirement in 1994, his reforms had the greatest impact on improving human welfare that could not be seen anywhere else. He also opened the economy to foreign capital and opened the market within a communist framework. And after his resignation, on February 19, 1997, after putting Jiang Zemin in the center of power, he died in Beijing after suffering from old age and suffering for a long time.

鄧小平為何結過三婚？

出生於1904年
977 51 73 457
　鄧小平
311 95 17 891

鄧小平是一位意志堅強、智慧過人的留法農民革命家。他出生在四川廣安的一個小山村，雖然個子比誰都小，卻在這個世

界上人口最多的國家嶄露頭角。

他的名字"登"9.7.7讓他夢想去法國留學，學術9與榮譽7並存，學習熱情旺盛，所以他邊讀書邊做雷諾汽車製造拖拉機的金屬工在法國。

在'煞'5.2中，如果代表妻子的5和1是極端的，就會發生毀滅。但是，如果代表大腦的3和這個7的思維是極端的，它就無法控制1，這是否定的極端。如果發生這種情況，這對夫妻將離婚。

他結過三次婚，第一任妻子在生下第一個孩子幾天後就去世了，第二任妻子在受到政治攻擊後於1933年離開。1939年與第三任妻子結婚，育有兩子三女。這也可以歸因於1.1重疊的"鄧"的影響，他極力避免否認，正如鄧小平的名字所表明的那樣。

而掌管未來運勢的'鄧'3.1.1卻成為了黨的副主席和政治局常委，因為代表聰明才智的3被賦予了1.1的生命，我的力量。1976年我也因天安門事變被免職，因為我周圍的勢力膨脹，但第二年我又恢復了原來的位置。

'O'7.3的獨特之處在於它拯救了財物5，因為7抑制了劫財2和偏財5之間的衝突。最重要的是，在這個名字的影響下，他於1926年在莫斯科中山大學學習，1929年任政治委員，1945年成為中共中央委員，地位日益上升。甚至是國務院副總理。財務經理。政治局常委、總書記。在擔任中蘇會談中國代表團團長期間，他在中國的地位提高了。

此外，在1957年正式支持毛參加反右鬥爭後，他成為了共產黨總書記，而當大躍進失敗導致餓死的批判之箭落在毛的身上時，他獲得了勝利。更大的力量。來控制

還有，在'Ping'4.5.7中，4個大腦產生5個財富，這5個導致7個榮譽，給他實用的力量。那時，他開始了理性的經濟改革，這也讓他加強了黨的組織和整個人民。

儘管如此，代表思想和大腦的3.4重疊了代表榮譽的7，所以他在1966年進行了文革改革，結果被剝奪了權力。即便如此，在直連的4.5.7的影響下，1973年之所以復任副首相，就是因為這個名字的修復組合。

最重要的是，他當時遇到的最大困難之一是被紅衛兵追趕得東奔西跑的大兒子在車禍中致殘。另外，代表孩子的"燈"的7.7和7.8重疊的重複組合，以及"Oping"中最大孩子的7.3.4的修復，可以確認由於孩子的困難。

此外，他還擔任該黨的副主席直至 1982 年。職員槍。副獎。曾任中共中央軍事委員會主席，1987年任中華人民共和國中央軍事委員會主席。政治局常委。他還擔任過中共中央顧問委員會主任，是中共最有權勢的政治人物。這可以看作是Hucheonun的"Ping" 8.9.1 的貢獻。

從 1979 年到 1994 年退休，他的改革對改善人類福利的影響是其他任何地方都看不到的。它還向外國資本開放了經濟，並在共產主義框架內開放了市場。而卸任後，1997年2月19日，在江澤民成為權力中心之後，他在北京病逝，享年高齡，久病不愈。

목사들이 지어준 이름 때문에

  나방이 고치 안에서 그 고치를 찢고 밖으로 나오는 것을 본 적이 있는가?
  나방이 고치 안에서 움직이기 시작하면 그 고치 아래로 바늘구멍만한 구멍이 난다. 도저히 나방이 나올 수없는 그런 구멍이다. 나방은 그 안에서 몸부림을 치다가 결국 고치를 찢고 창공을 나는 나방이 된다. 그런데 그 몸부림치는 나방의 수고가 안쓰러워서 가위로 고치를 조금 찢어주면 나방은 날개를 펴보지도 못하고 이내 죽는다.
  나방은 고치 안에서 작은 바늘 구멍 속으로 보이는 세상의 찬란한 빛을 기대하고 사모하며 몸부림을 치면서 날개의 힘을 키우는 거다. 나방이 고치 안에서 몸부림을 칠 때, 그때 몸에서 날개로 성장 액이 전해져서 날개에 힘이 가게 되고 비로소 날수 있게 된다.
  그런데 그 나방의 고난을 외부의 힘이 덜어주게 되면 그 나방은 잠시의 고난은 피해갈 수 있을지언정 곧 죽게 된다.
  하나님께서 당신의 자식들이 이 땅에서 고통당하는 모습을 보시면서 정말 안쓰러우실 거다. 도대체 비상구가 없는 것 같고, 도대체 돌파구가 없는 것 같은 우리의 상황을 보시면서 우리가 갇혀있는 흉년과 고난의 고치를 찢어주고 싶으실 거다. 그게 우리 하나님 아버지의 마음이니까. 그러나 하나님께서 그렇게 하지 않으시는 이유는 우리를 하나님 나라의 용사로 훈련시키시기 위함인 거다. 그런데 하늘백성들이 그러한 하나님의 마음은 간파하지 않고 문제 해결을 해달라고 기도하면 그 기도를 하나님께서 들어주시겠는가?

그러니까 그런 문제로 교회에서 금식하며 기도하지 말고 차라리 좋은 이름으로 개명하라고 권하는 거다. 개명 자체가 바로 개운의 실체가 되기 때문이다. 따라서 영생을 위한 기도는 하나님께서 전부 다 들어 주신다고 약속하셨으니까 교회에서 하고, 어려운 문제 해결은 개명으로 하는 것이 훨씬 바람직하다. 하나님께서 당신 백성들을 천국백성으로 만들기 위한 연단의 과정으로 환난을 통과하게끔 하시는데 교회에서 엉뚱한 기도를 하고 있다면 들어주시겠냐는 거다. 따라서 고난을 감내하고 달게 받아야 하늘백성으로 성숙되어 갈 수 있다.

그 흉년과 고난의 고치가 찢어지면 우리는 절대 하나님 나라의 백성들로 성숙되고 완성될 수 없다. 그러므로 하나님의 뜻과 마음을 정확히 아는 자들만이 고난과 환난을 가볍게 통과할 수 있다. 그 통과가 감당하기 어려워 하나님께 애걸복걸 할 거라면 차라리 개운의 실체가 개명이니 좋은 이름으로 바꾸라는 거다.

> 만군의 여호와가 말하노라 해 뜨는 곳에서부터 해지는 곳까지의 이방민족 중에서 내 이름이 크게 될 것이라 각처에서 내 이름을 위하여 분향하며 깨끗한 제물을 드리리니 이는 내 이름이 이방 민족 중에서 크게 될 것임이니라(말1;11)

이와 같이 하나님의 이름을 위하여 분향하는 것이 깨끗한 제물을 드리는 것이라 했다. 그 이유가 바로 여호와란 이름 속에 담겨 있는 의미가 매우 깊고 융숭하기 때문이다. 성경에서 이와 같이 이름을 중히 여기는 이유가 무엇이겠는가? 그만큼 이름이 중요하기 때문이다.

필자가 하나님의 말씀을 복음으로 전하기 위해 그동안 여러 권의 책을 집필하면서 성경상의 이름들 또한 끊이지 않고 계속해 연구한 이유는 그만큼 이름 속에 내재된 하나님의 뜻과 계획이 그 안에 그대로 녹아 있기 때문이다.

특히 예수님의 족보에 올라온 이름들을 연구하면서 왜 이들만 족보에 올라와 있는가? 거기에는 하나님의 뜻과 계획과 명령과 언약들이 성서에 등장한 이름들을 통해 이어져 가고 있다는 것을 보여줄 뿐만 아니라 하나님의 창조의 목적 또한 예수님과의 연합을 상징으로 그 탄생 배경에 초점을 맞추고 있기 때문이다. 그러므로 성경에서의 모든 이름은 예수님의 족보에서 정점을 찍었다 해도 과언이 아니다.

그러기 때문에 성경에 나타난 이름들은 그 이름이 갖고 있는 배경이나 의미나 환경 등에 깊은 뜻이 담겨 있다. 무엇보다 이름 하나하나에 생명력 있는 의미를 부여했고 사람이나 사물의 존재를 나타내는데도 이름을 매개체로 삼으셨다. 그만큼 이름의 역할에서 매우 중요한 작용을 했던 거다.

> 이미 있는 무엇이든지 오래전부터 그 이름이 칭한바 되었으며 사람이 무엇인지도 이미 안 바 되었나니 자기보다 강한 자와 능히 다툴 수 없느니라(전6;10)

위 구절과 같이 모든 피조물은 그 나름대로의 이름을 가졌으며, 이러한 이름들을 통해 사물과 사람이 어떤 존재인가를 알게 하므로 그로인해 하나님의 능력과 강함을 더욱 깨닫게 하는 거다. 우주 만물을 창조하신 분의 권세와 그의 능력이 강하다고 인식될 때 사람들은 그 앞에서 순복하고 순종하며 그분의 명령을 따를 수밖에 없게 된다.

너희는 눈을 들어 누가 이 모든 것을 창조하였나 보라 주께서는 수효대로 만상을 이끌어 내시고 각각 그 이름을 부르시나니 그의 권세가 크고 그의 능력이 강하므로 하나도 빠짐이 없느니라(사 40:26)

그 이름이 영구함이여 그 이름이 해와 같이 장구하리로다 사람들이 그로 인하여 복을 받으리니 열방이 다 그를 복되다 하리로다(시 72:17)

보다시피 하나님이란 이름은 그 이름 자체만으로 영원하고 그 이름을 통해서만 영생이란 복이 주어진다. 아울러 장차 오실 예수 그리스도로 인해 열방이 구원을 얻게 되는 복음의 메시지가 바로 '예수'란 이름 속에 담지하고 있다.
또한 한 사람의 이름이 사람들의 기억 속에 오랫동안 존속하여 후대들에 의해 면면히 이어져 내려오는 것이라면 예수란 이름이야말로 복의 실체로서 전 역사를 통칭하는 산물이기도 한 거다.

그런즉 너는 네 후손을 끊지 아니하며 내 아비의 집에서 내 이름을 멸하지 아니할 것을 이제 여호와로 내게 맹세하라(삼상24:21)

열방을 책하시고 악인을 멸하시며 저희 이름을 영영히 도말하셨

나이다(시9:5)

그 후사가 끊어지게 하시며 후대에 저희 이름이 도말되게 하소서 (시109:13)

따라서 한 사람을 대표하고 그 사람의 인격을 나타내는 것이 이름이라면 이 이름이야말로 시대와 역사를 아우르는 연결고리가 된다. 그러므로 한 사람의 이름이 도말되었다는 것은 그 사람의 육체적인 죽음을 의미할 뿐만 아니라 당시 시대에 가졌던 그 존재 가치마저도 도말하는 것이 된다. 그러기 때문에 악인들의 이름은 중간에 대가 끊기므로 생명책에 영원히 기록 될 수 없다.

환난 날에 여호와께서 네게 응답하시고 야곱의 하나님의 이름이 너를 높이 드시며(시20:1)

여호와여 주는 나의 하나님이시라 내가 주를 높이고 주의 이름을 찬송하오리니 주는 기사를 옛적의 정하신 뜻대로 성실함과 진실함을 행하셨음이라(사25:1)

또 나 여호와에게 연합하여 섬기며 나 여호와의 이름을 사랑하며 나의 종이 되며 안식일을 지켜 더럽히지 아니하며 나의 언약을 굳게 지키는 이방인마다(사56:6).

하나님의 이름은 하나님의 성품을 나타내기도 하지만 그에 앞서 하나님의 백성들이 피할 곳이 되기도 한다. 그게 바로 은혜다. 따라서 은혜를 받은 자만이 하나님의 이름을 찬송하고 그의 이름을 사랑하며 그분의 언약을 굳게 지킬 수 있다. 그만큼 그리스도(메시아)와 연합한 자만이 여호와 하나님을 섬길 수 있으며 또한 그들만이 하나님의 이름을 구원의 도구로 쓸 수 있다.

이와 같이 여호와 하나님의 이름을 비롯하여 모든 이름 속에는 시대를 아우르는 역사관과 그 시대를 관통하는 흐름의 필연성과 인물들의 상징성들이 깊이 스며들고 있다.

따라서 이름에서 파생되는 에너지(氣)가 그만큼 크고 그에 따른 의미가 깊기 때문에 하나님께서 이름을 지으실 때 그 안에 당신의 성품을 담아 놓으셨다. 따라서 이름을 통해 영원히 함께 하기를 원하셨다. 그런 차원에서 필자 또한 이름의 중요성을 성경을 근거로 언급하고 있다.

그동안 국내에 많은 성명학이 유입되었지만 그 어떤 성명학도 사람의 운명을 유추하고 보완해주는 성명학은 없었다. 필자가 수십 년을 구성성명학을 연구하면서 느낀 것이 있다면 불러주는 이름대로 살아간다는 사실이다. 그동안 잘못된 이름으로 불행하게 사는 사람들을 수없이 보아 왔고 또한 개명하고 달라진 사람들의 입을 통해 파동성명의 칭송을 수없이 들어왔다.

요즘은 최첨단의 과학으로 인해 하루가 다르게 빠르게 변모해 가고 있는 세상이다. 거기에 발맞추어 이름의 중요성 또한 많은 사람들로부터 회자되고 있다. 그 이유가 그만큼 시대의 흐름에 상호나 이름이 그에 상응할 정도로 중요한 역할을 담당하기 때문이다. 그동안 구성성명학의 학술적인 이론과 논리가 서적이나 방송을 통해 널리 알려져 왔다. 그러다 보니 이름에 대한 인식과 성명학에 대한 관심도가 더욱 높아졌다. 무엇보다 타고난 운명 다음으로 행. 불행에 영향을 끼치는 것이 바로 이름이라 생각하기 때문에 사람들로부터 언급이 되는 거다.

따라서 이름에는 파동의 에너지가 담겨있기 때문에 함부로 지어서도 가볍게 여겨서도 안 된다. 그런데 목사들이 이러한 소리에너지를 무시하고 교인들이 부탁한다고 자기 상념대로 이름을 지어준다면 그거야말로 한 사람의 운명을 그르치는 행위가 된다. 그로인해 불행한 이름 때문에 그에 따른 문제 해결을 위한 기도에 매달린다면 그게 바로 믿음 생활에 걸림돌이 되게 한다는 사실이다. 그러므로 목사들이야말로 힘들고 어렵게 살아가는 교인들을 위해서도 성명학을 배워야 한다. 힘들게 살아가는 그들을 좋은 이름으로 삶의 질을 향상시켜주는 그것이 오히려 신앙생활에 도움이 된다는 사실을 인식해야 한다.

누구보다 목사들은 기도의 본질을 분명하게 깨닫고 교인들이 엉뚱한 문제로 기도에 매달리지 않도록 성명학에 대한 올바른 인식부터 정립시켜야 한다.

Because of the name given by the priests

Have you ever seen a moth tearing its cocoon and coming out of its cocoon?

When the moth starts to move inside the cocoon, a hole the size of a needle is made at the bottom of the cocoon. It is such a hole that no moth can come out. The moth struggles in it and eventually breaks the cocoon and becomes a moth that flies in the sky. However, if you tear the cocoon a little with scissors because you feel sorry for the struggle of the moth, the moth will die soon without even opening its wings.

The moth develops the strength of its wings while struggling in anticipation and longing for the brilliant light of the world seen through the eye of a small needle in its cocoon. When the moth struggles inside the cocoon, the growth fluid is transmitted from the body to the wings at that time, giving strength to the wings and finally being able to fly.

However, if the moth's suffering is relieved by an external force, the moth will soon die, even though it can avoid the suffering for a while.

God must feel so sorry for His children when He sees them suffering on this earth. Looking at our situation, where there seems to be no emergency exit and no breakthrough, you would want to tear the cocoon of hardship and famine in which we are trapped. Because that is the heart of our Heavenly Father. But the reason why God doesn't do that is to train us as warriors of God's country. However, if the heavenly people prayed for a solution to their problems without discerning God's heart, would God listen to their prayers?

So, instead of fasting and praying at church for that matter, I recommend that you change your name to a better name. This is because the name change itself becomes the reality of change. Therefore, since God has promised to answer all prayers for eternal life, it is much better to pray at church and solve difficult problems by changing your name. God is making His people pass through tribulation as a process of refinement to make them heavenly people. Therefore, if we endure hardships and accept them sweetly, we can grow into the people of heaven.

If the cocoon of famine and hardship is torn, we will never be able to mature and complete ourselves as the people of God's kingdom. Therefore, only those who know exactly the will and heart of God can pass hardships and tribulations lightly. If you are going to beg God because you can't handle the passage, it's better to change it to a good name because the reality of good luck is changing.

> My name will be great among the Gentiles, from the rising of the sun to the setting, says the Lord (Malachi 1;11)

Likewise, burning incense for the name of God is to offer a clean offering. The reason is because the meaning contained in the name Jehovah is very deep and sublime. Why would the Bible place such high importance on names? Because names are so important.

The reason why the author has continued to study the names of the Bible while writing several books to convey the word of God as the gospel is that the will and plan of God inherent in the names are melted into them as they are.

In particular, while studying the names listed in the genealogy of Jesus, why are only these names listed in the genealogy? It not only shows that God's will, plans, commands, and covenants are continued through the names in the Bible, but also focuses on the background of God's creation as a symbol of union with Jesus. Therefore, it is no exaggeration to say that all names in the Bible peaked in the genealogy of Jesus.

For this reason, the names that appear in the Bible have deep meanings such as the background, meaning, or environment that the name has. Above all, He gave life-giving meaning to each name and used the name as a medium to indicate the existence of a person or thing.

That's why the name played a very important role.

> Anything that already exists has long been named by its name, and it is not known what man is; he cannot contend with anyone stronger than himself (Ecclesiastes 6:10).

As in the above passage, all creatures have their own names, and through these names, we can know what kind of existence things and people are, so we can realize God's power and strength more. When the authority and power of the One who created all things in the universe is recognized as strong, people have no choice but to obey and obey Him and follow His commands.

> Lift up your eyes and see who created all these things. The Lord brings out all things by number and calls each one by name, because of the greatness of his power and the strength of his power, not one is missing (Isaiah 40:26).

> His name endures forever; his name will last as long as the sun. People will be blessed through him, and all nations will call him blessed (Psalter 72:17).

As you can see, the name God is eternal in itself, and the blessing of eternal life is given only through that name. In addition, the message of the gospel that the nations will be saved through Jesus Christ who is to come is contained in the very name of 'Jesus'.

In addition, if a person's name persists in people's

memories for a long time and is handed down continuously by future generations, the name Jesus is the substance of blessing and is also a product that collectively refers to the entire history.

> So now swear to me by the LORD that you will not cut off your offspring or destroy my name from my father's house (1 Samuel 24:21).

> You have rebuked the nations, you have destroyed the wicked, and you have blotted out their names forever (Psalter 9:5).

> May their heirs be cut off, and may their names be blotted out in posterity (Psalter 109:13).

Therefore, if a name represents a person and expresses that person's personality, then this name is the link that encompasses the era and history. Therefore, the blotting out of a person's name not only means the physical death of that person, but also the blotting out of the value of existence they had at that time. Because of this, the names of the wicked cannot be recorded forever in the book of life because the line is cut off in the middle.

> The LORD answers you in the day of trouble; the name of the God of Jacob exalts you (Psalter 20:1).

> You, O LORD, are my God; I will exalt you and praise your

> name, because you have done your wonders in faithfulness and truth, according to your ancient counsel (Isaiah 25:1).

> And every foreigner who joins to serve the Lord, who loves the name of the Lord, who is my servant, who keeps the Sabbath and does not profane it, who keeps my covenant faithfully (Isa. 56:6).

God's name shows God's character, but before that, it is also a place where God's people can escape. that's grace Therefore, only those who have received grace can praise God's name, love His name, and keep His covenant firmly. To that extent, only those who are united with Christ (Messiah) can serve Jehovah God, and only they can use God's name as a tool for salvation.

In this way, all names, including the name of Jehovah God, are deeply permeated with the view of history that encompasses the era, the inevitability of the flow through that era, and the symbolism of the characters.

Therefore, because the energy derived from a name is so great and the meaning is deep, God put His personality into it when He named it. Therefore, he wanted to be with them forever through his name. In that respect, the writer also mentions the importance of names based on the Bible.

In the meantime, many studies of naming have been introduced into Korea, but no study of naming has been able to infer and supplement a person's fate. If there's one thing I've felt while researching constructive statements for decades, it's the fact that I live up to the name I've been called. In the meantime, I have seen countless people living unhappy lives with the wrong name, and I have heard countless praises of the wave statement through the mouths of people who have changed their names.

Nowadays, the world is rapidly changing day by day due to cutting-edge science. In line with that, the importance of names is also being talked about by many people. The reason is that the trade name or name plays a correspondingly important role in the flow of the times. In the meantime, the academic theory and logic of constructive statement studies have been widely known through books and broadcasting. As a result, awareness of names and interest in naming studies have increased. Above all, a row next to innate destiny, I think it is the name that affects unhappiness, so people mention it.

Therefore, since the name contains the energy of waves, it should not be taken lightly even if it is recklessly named. However, if pastors ignore this sound energy and name it according to their own thoughts that church members ask for, that is an act of wronging a person's destiny. It is true that if you cling to prayer to solve the problem according to him because of the unfortunate name, that becomes a stumbling block in your life of faith. Therefore, pastors must learn the study of naming even for the members of the church who are living a difficult life. It should be recognized that improving the quality of life with a good name for those who are living a difficult life is rather helpful in their life of faith.

More than anyone else, pastors must clearly realize the nature of prayer and establish a correct understanding of the doctrine of the Word of God so that church members do not cling to prayer over an absurd problem.

인기 절정에 오른 순간 멀어져간 알랭들롱

1935년생
829 988 059 948
알 랭 들 롱
598 855 748 815

알랭들롱은 10대 시절을 뒷골목과 전쟁터에서 보냈으나 배우로서의 기회는 22살에 찾아왔다고 한다. 이는 '알'의 8.2.9에서 예견하듯 재물을 극해하는 흉성 2를 명성의 8이 억제하여 흉중의 길로써, 친구를 따라 칸영화제에 기웃거리다 할리우드 제작자 데이비드 셀즈닉의 눈에 띄어 영화배우가 되었다. 그렇지만 파리에서 이브 알레그레 감독을 만난 뒤 미국행을 포기하고 '여자가 개입될 때'로 데뷔하게 되었다.

이 또한 '랭'의 9.8.8은 중첩된 학문 9.9를 억제시켜주는 5.6이 없고, 중첩된 명성 8.8을 억제 시켜주는 3.4가 없어 영화배우로서 명성은 얻었더라도 가정적인 부분은 그리 평탄하지 않았음을 나타낸다.

이는 첫 주연작 '크리스틴'에서 상대역이었던 로미 슈나이더와 불같은 사랑에 빠졌다. 그러나 알랭 들롱은 또 다른 여인을 사랑하면서도 슈나이더와의 약혼 생활을 1964년까지 유지해 왔다. 그러다가 두 사람은 결혼했는데, 순탄하지 못한 생활의 연속이었다. 알콜 중독, 아들의 죽음 등으로 부인 슈나이더가 1982년 심장마비로 세상을 떠나기 전까지 그녀와의 삶은 꽤 굴곡이 심했다. 그러면서도 그는 두 살 위인 장폴벨 등과 '아름답지만 침묵하기를'에 함께 출연하면서 라이벌이자 동료로서 친분을 쌓아 가면서 여러 편의 영화에 출연했다.

이는 '들'의 0.5.9와 〈롱〉의 9.4.8의 절묘한 배합의 영향으로, 중첩된 9.0을 5가 극제 시켜준 공로이고, 명성 8을 재능 4가 극하는 것을 9가 이를 억제하여 명성 8이 보존됨으로 배우로서의 명성을 얻게 되었다. 그래선지 알랭들롱의 우수에 젖은 눈빛이 대명사라면, 1960년 '태양은 가득히'는 모호한 섹스얼리키. 섬세한 카리스마. 선과 악의 경계에 있는 눈빛 등이 알랭 드롱의 트레이드마크로 만들어준 출세작이 되었다. 연이어 '로코와 그의 형제들', '일식', '지하실의 형제들', '사무라이' 등에서 빛을 잃어버린 도시인의 고독과 허무주의를 드러냈다.

1967년 '사무라이'에선 냉혈안인 모습으로 완벽하게 변신했는데 얼음처럼 차가운 천사란 별명도 이 시기에 얻었다. 또한 '수영장'에선 구릿빛 피부를 드러내며 에로틱한 판타지를 자극하는 매력도 발산했다.

이는 당시 알랭 들롱의 실제 연애사와도 흡사해 약혼녀 슈나이더를 옆에 두고, 8.2와 8.1에 의해 모델 겸 배우였던 니코와 사랑에 빠졌다. 그렇지만 재물과 부인을 나타내는 중첩된 5.5를 극제시켜주는 1.2가 없다보니 결국엔 열정이 없는 일시적인 사랑으로 끝나고 말았다.

A secret with a name that even surprises the world

'암흑가의 두 사람', '볼사리노', '미스터 클라인' 등, 1960-70년대 그가 지배한 이미지는 단연 범죄영화 속의 선악의 모호한 존재였다. 그러다가 나탈리베이와 함께 '우리들의 이야기'에 출연하면서 생애 첫 세자르 남우주연상을 수상했다. 이는 선천운의 9.4.8과 후천운의 7.4.8의 공로라 할 수 있다.

또한 8.1.5는 자신의 세력을 나타내는 1이 명성 8이 억제시켜주어 재물이 살아난 것까지는 좋은데, 그러나 안타까운 것은 7.4.8의 원리로 명예는 얻게 되었지만, 중첩된 9.9와 8.8의 흉한 수리로 당시 그의 마음은 아이러니 하게도 절정에 오른 순간 영화 보다 개인의 삶에 더 무게 중심을 두면서 점차 영화계에서 멀어져 갔다. 그러면서 1998년 '절반의 기회'란 영화를 끝으로 '프랑스 영화는 죽었다'고 선언하며 돌연 은퇴를 선언했다. 그리고 다시 10년 만에 '자뻑' 이란 영화에 황제 시저의 역할로 복귀했다. 그 후 '레드서클', '암흑가의 세 사람'에 출연하면서 위대한 노배우의 부활을 다시 꿈꾸었으나 중첩된 9.9와 5.5와 8.8로 인해 그의 활약은 그리 크게 부각되지 않았다.

Alain Delon, who fell away at the moment he reached the peak of popularity

born in 1935
829 988 059 948
　Alain Delon
598 855 748 815

Alain Delon spent his teenage years in back alleys and battlefields, but his opportunity as an actor came at the age of 22. As predicted in 8.2.9 of 'Al', the 8 of Fame suppresses the 2 of Fame, which destroys wealth, and it is the path of breastfeeding. Following his friend to the Cannes Film Festival, he was noticed by Hollywood producer David Selznick and became a movie star. It became. However, after meeting director Yves Allegre in Paris, he gave up on going to America and made his debut with 'When a Woman Intervenes'.

In addition, 'Lang''s 9.8.8 has no 5.6 that suppresses the overlapping academic 9.9, and there is no 3.4 that suppresses the overlapping reputation 8.8. indicate

He fell in love with Romy Schneider, his co-star in his first leading role, 'Christine'. But while Alain Delon loved another woman, she remained engaged to Schneider until 1964. Then the two got married, but it was a continuation of a life that was not smooth. Her alcoholism and the death of her son led her life with her up and down until her wife, Schneider, died of a heart attack in 1982. Even so, he appeared in several films while building a friendship as a rival and colleague while appearing together with Jean-Paul Bell, who was two years older than him, in 'I wish it was beautiful but silent'.

This is due to the influence of the exquisite combination of 0.5.9 of 'field' and 9.4.8 of ⟨long⟩. 5 suppresses the overlapping 9.0, and 9 suppresses the exaggeration of talent 4 with fame 8. The preservation of 8 brought him fame as an actor. If so, if Alain Delon's melancholy eyes are a byword, 'Full Sun' in 1960 is an ambiguous sexual early key. Delicate charisma. The eyes on the boundary between good and evil became Alain Delon's trademark, making it a successful work. In succession, 'Rocco and his brothers', 'Japanese food', 'Brothers in the cellar', 'Samurai', etc. revealed the loneliness and nihilism of city dwellers who lost their light.

In 1967, in 'Samurai', he completely transformed into a cold-blooded figure, and he also earned the nickname of an ice-cold angel during this time. Also, in 'Swimming Pool', she showed off her bronzed skin and gave off a charm that stimulated erotic fantasy.

This is also similar to the real love story of Alain Delon at the time, with her fiancée Schneider by his side, and by 8.2 and 8.1 he fell in love with Nico, who was a model and actress. However, since there is no 1.2 that suppresses the overlapping 5.5, which represents wealth and wife, in the end, it ended up as a temporary love without passion.

The images he dominated in the 1960s and 1970s, such as 'Two Men in the Underworld', 'Bolsarino', and 'Mr. Then he won his first Cesar Award for Best Actor for his role in 'Our Story' alongside Natalie Bay. This can be attributed to Seon Cheonun's 9.4.8 and Hucheonun's 7.4.8.

Also, in 8.1.5, it is good that 1 representing his power is suppressed by reputation 8 and his wealth is revived, but unfortunately, he gained honor with the principle of 7.4.8, but due to the ugly repair of overlapping 9.9 and 8.8, his at the time Ironically, the moment he reached his peak, he gradually moved away from the film industry, focusing more on his personal life than on movies. In the meantime, he announced his sudden retirement in 1998, declaring that 'French cinema is dead' after the film 'Half Chance'. And again, after 10 years, he returned to the role of Emperor Caesar in the movie 'Self'. After that, he dreamed of resurrecting a great old actor while appearing in 'Red Circle' and 'Three People in the Underworld', but due to overlapping 9.9., 5.5, and 8.8, his performance did not stand out too much.

Alain Delon, qui est tombé au moment où il a atteint le sommet de la popularité

né en 1935
829 988 059 948
Alain Delon
598 855 748 815

Alain Delon a passé son adolescence dans les ruelles et les champs de bataille, mais son opportunité en tant qu'acteur s'est présentée à l'âge de 22 ans. Comme prédit dans 8.2.9 de 'Al', c'est la voie de l'allaitement en supprimant le 8 de Fame, le 8 de Fame, comme prédit par 8.2.9 de 'Al'. . Cependant, après avoir rencontré le réalisateur Yves Allegre à Paris, il a renoncé à aller en Amérique et a fait ses débuts avec 'Quand une femme intervient'.

De plus, le 9.8.8 de 'Lang' n'a pas de 5.6 qui supprime le chevauchement académique 9.9, et il n'y a pas de 3.4 qui supprime le chevauchement de réputation 8.8.

Lee est tombée amoureuse de Romy Schneider, qui était à l'opposé de son premier rôle principal dans 'Christine'. Cependant, alors qu'Alain Delon aimait une autre femme, il resta fiancé à Schneider jusqu'en 1964. Ensuite, les deux se sont mariés, mais c'était la continuation d'une vie qui n'était pas lisse. L'alcoolisme, la mort de leur fils et sa femme, Schneider, sont décédés d'une crise cardiaque en 1982, et la vie avec elle a été assez mouvementée. Malgré tout, il est apparu dans plusieurs films tout en nouant une amitié en tant que rival et collègue tout en apparaissant avec Jean-Paul Bell, qui avait deux ans de plus que lui, dans "J'aimerais que ce soit beau mais silencieux".

Cela est dû à l'influence de la combinaison exquise de 0.5.9 de 'field' et 9.4.8 de <long>, 5 supprime le chevauchement 9.0, et 9 supprime l'exagération de talent 4 avec renommée 8, La préservation de 8 a apporté lui renommée en tant qu'acteur. Si oui, si les yeux mélancoliques d'Alain Delon sont synonymes, 'Plein Soleil' en 1960 est une première clé sexuelle ambiguë. Charisme délicat. Les yeux sur la frontière entre le bien et le mal sont devenus la marque de fabrique d'Alain Delon, ce qui en fait une œuvre à succès. Tour à tour, « Rocco et ses frères », « Cuisine japonaise », « Frères de cave », « Samouraï », etc. révèlent la solitude et le nihilisme des citadins en perte de lumière.

En 1967, dans 'Samurai', il s'est complètement transformé en une figure de sang-froid, et il a également gagné le surnom d'ange glacial pendant cette période. Aussi, dans 'Swimming Pool', elle a montré sa peau bronzée et a dégagé un charme qui a stimulé la fantaisie érotique.

Cela ressemble à la véritable histoire d'amour d'Alain Delon à l'époque, et il est tombé amoureux du mannequin et acteur Nico par 8.2 et 8.1, avec sa fiancée Schneider à ses côtés. Cependant, comme il n'y a pas de 1,2 qui supprime le chevauchement de 5,5, qui représente la richesse et l'épouse, cela s'est finalement soldé par un amour temporaire sans passion.

Les images qu'il a dominées dans les années 1960 et 1970, telles que «Deux hommes aux enfers», «Bolsarino» et «M. Ensuite, il a remporté le César du meilleur acteur pour la première fois de sa vie en apparaissant dans "Notre histoire" avec Natalie Bay. Cela peut être attribué au 9.4.8 de Seon Cheonun et au 7.4.8 de Hucheonun.

De plus, en 8.1.5, il est bon que 1 représentant son pouvoir soit supprimé par la réputation 8 et sa richesse soit ravivée, mais malheureusement, il a gagné l'honneur avec le principe de 7.4.8, mais en raison de la réparation laide du chevauchement de 9.9 et 8.8, le sien à l'époque Ironiquement, au moment où il a atteint son apogée, il s'est progressivement éloigné de l'industrie cinématographique, se concentrant davantage sur sa vie personnelle que sur les films. En 1998, après le film 'Half Chance', il déclare que 'le cinéma français est mort' et annonce soudain sa retraite. Et encore une fois, après 10 ans, il est revenu au rôle de l'empereur César dans le film 'Self'. Ensuite, il est apparu dans "Red Circle" et "Three People in the Dark" et rêvait de ressusciter un grand vieil acteur, mais en raison du chevauchement de 9,9, 5,5 et 8,8, sa performance ne s'est pas trop démarquée.

책을 마치면서

　책을 집필할 때마다 매번 느끼는 감정이지만 글 쓰는 재능이라곤 손톱만큼도 없는 사람이 원고를 메꿔나갈 때면 아직도 힘겹고 버겁기만 하다. 그럼에도 늘 습관처럼 글 쓰는 버릇이 있다 보니 이제는 일상이 되어버렸다. 그래서 습관처럼 무서운 것이 없다고 생각한다. 따라서 이 습관을 어떻게 활용하느냐에 따라 인생의 방향도 여러 갈래로 바뀐다고 본다.

　처음 역학에 관련된 글을 쓸 때는 단순한 생계형 수단이었다. 즉 '예지연'이란 이름을 알리기 위해선 책보다 더 나은 것이 없다고 생각했기 때문이다. 그래서 그동안 여러 권의 역학서적을 출간했고 그리고 그 후로 한글구성성명학을 연구하고 나서는 이름의 중요성을 널리 알려야 할 필요성을 느꼈다. 그래서 '성공하는 이름. 흥하는 상호' 책을 필두로 성명학 책을 연이어 여러 권 출간했다. 그리고 목회를 하기 위해 강릉첩첩산중으로 거처를 옮기고 나서는 성경말씀을 전하는 일이 우선으로 느껴져, 복음에 관련된 글을 해마다 한권 이상 집필하다 보니 그동안 십여 권 가까운 복음서를 출간했다.

무엇보다 이러한 글 쓰는 습관 덕에 다지음학회가 오늘날 많은 사람들의 관심의 대상이 되었고, 그 덕에 지금은 구성성명학이 이 시대의 최고의 성명학이란 평판과 함께 놀라운 학술이란 극찬도 언론에서 받고 있다.

사람들은 누구나 이름을 갖고 산다. 또한 이름은 선택이 아니라 필수다. 그러기에 그 어떤 성명학으로도 가늠할 수 없는 인간의 운명을 우리는 한글구성성명학이란 이론을 통해 이름 속에 내제된 당사자의 운명과 기질과 성향과 특성 등을 감지해 낼 수 있다. 이는 입에서 불리워지는 이름(파동)에 의해 당사자의 운로를 판단할 수 있다는 뜻이다. 왜냐하면 구성성명학은 바로 입에서 불리는 소리에너지를 오행으로 분류해 타고난 사주와 접목하여 연구된 성명학이기 때문이다. 이를 달리 표현하면 파동에너지 자체가 바로 말 속에서의 힘을 내포하고 있다는 의미도 된다.

이 세상에 많은 살아 있는 생물 중에 오직 인간에게만 주어진 특권이 말이다. 이 말(파동)은 사람과 사람사이에서 소통의 교류가 되고 인간관계를 원활하게 이끌어 가는 힘의 원천이 된다. 따라서 이 말(소리)을 통해 서로가 서로에게 친밀감을 느껴 사랑과 신뢰가 싹트는가 하면 또 말로 인해 서로에게 불신을 조장하기도 한다. 그러므로 우리가 음식을 가려 먹듯이 말도 가려할 줄 알아야 하고 또한 가려들을 수 있어야 한다. 그러나 말을 가려하고 가려들을 수 있는 수준도 사고력과 판단력이 어느 정도 갖춰졌을 때 그것도 가능해진다.

대개의 사람들은 석가나 공자 같은 성인들의 말씀을 통해 교훈을 취하려 하고 석학들의 말 속에서 지식을 얻으려 한다. 그렇지만 필자는 지혜이신 예수 그리스도의 말씀을 통해 살아 있는 생명의 말씀을 들으려 노력한다. 그러다보니 성경 말씀 안에서 값진 보석들을 날마다 발견하게 되는 은혜를 경험하게 된다. 그중에서 특히 이름 속에 하나님의 뜻과 계획이 담겨 있는 사실들을 발견하고 나서는 더욱더 하나님의 놀라운 섭리에 감탄하고 있다.

그래서 이번 책자에 이름을 통해 하나님께서 우리에게 무엇을 남기고 싶어 하시는가를 표현하고 싶었고 또한 세계인들의 이름을 통해 핫 이슈가 되고 있는 유명인들의 이름을 풀이하므로 이름대로 살아가는 그들의 인생여정을 그려내고 싶었다.

어떻게 보면 우리는 너나할 것 없이 이름 속에 사는 존재라 해도 과언이 아니다. 그러한 이름의 실체와 중요성을 그 누구보다 교회들한테 알리고 싶었고 또한 세계인들한테 한글의 위대성을 이름을 통해 밝히고 싶었다. 그래서 좀 번거롭긴 하지만 누구나 알아볼 수 있도록 영어와 그리고 당사자의 이름을 풀이한 그 나라 언어로 번역하여 이 책자에 모두 담았다.

다만 염려되는 되는 것은, 한국정서에 맞물려 있는 오행의 원리를 과연 구글 번역기가 이를 어떻게 정확하게 그 뜻과 의미를 다 표현해 낼까? 하는 의구심이 든다. 그래도 번역에 있어 약간의 오류가 있더라도 이름의 본질을 이해하는데 어느 정도 도움이 된다고 생각되어 거기에 위안을 삼고 처음으로 시도한 책자임을 고백하는 바다.

2022년 11월 어느 쯤에

finishing the book

It's a feeling I feel every time I write a book, but it's still hard and burdensome when a person who doesn't even have the talent to write is filling in the manuscript. Even so, I always have a habit of writing like a habit, so now it has become a daily life. So I think there is nothing scary like a habit. Therefore, depending on how you use this habit, the direction of your life changes in many directions.

When I first wrote an article related to epidemiology, it was a simple means of livelihood. In other words, I thought there was nothing better than a book to promote the name 'Ye Ji-yeon'. So, in the meantime, I have published several epidemiological books, and since then, I have felt the need to widely publicize the importance of names after studying Hangul sound name. So, 'a name that succeeds. mutually prosperous' He has published several books in succession, starting with the name books. And after moving to Gangneung high mountain to do ministry, preaching the words of the Bible felt like a priority, so I wrote more than one gospel-related article every year, and in the meantime, I've published close to a dozen gospels.

Above all, thanks to this habit of writing, the Dajieum Society has become the object of interest of many people today, and thanks to that, the sound name is now receiving rave reviews from the media for its amazing academic reputation as well as its reputation as the best sound name study in this era.

Everyone lives with a name. Also, a name is not optional, it is mandatory. Therefore, we can detect the fate, temperament, inclination and characteristics of the person who is inherent in the name through the theory of Hangeul sound name Studies, which cannot be estimated by any study of names. This means that the person's path can be judged by the name(wave) that is called in the mouth. This is because compositional science is a science of science that has been studied by classifying the sound energy called from the mouth into the five elements and grafting it with the innate saju. In other words, it also means that the wave energy itself contains the power in words.

Among the many living creatures in this world, it is a privilege given only to humans. This word(wave) becomes a source of power for communication and exchange between people and for smooth interpersonal relationships. Therefore, through these words(sounds), each other feels closeness to each other, and love and trust sprout, while words also encourage distrust in each other. Therefore, just as we pick and eat food, we must know how to cover our words and also be able to listen to them. However, the level of being able to cover and listen to words becomes possible when thinking and judgment are equipped to some extent.

Most people try to learn lessons from the words of saints such as Buddha and Confucius, and try to gain knowledge from the words of great scholars. However, I try to hear the words of living life through the words of Jesus Christ, who is wisdom. As a result, we experience the grace of discovering precious jewels every day in the words of the Bible. Among them, especially after discovering the facts that God's will and plans are contained in the name, I am more and more amazed at God's amazing providence.

So, in this booklet, I wanted to express what God wants to leave us with by name, and I also wanted to describe the life journey of living up to the name by interpreting the names of famous people who are becoming hot issues through the names of people around the world.

In a way, it is no exaggeration to say that all of us are beings who live in names. I wanted to let the churches know the reality and importance of such a name more than anyone else, and I also wanted to reveal the greatness of Hangeul to people around the world through my name. So, although it is a little cumbersome, I translated it into English and the language of the country in which the name of the person concerned was interpreted so that anyone can recognize it, and put it all in this booklet.

However, the concern is how exactly will Google Translate express the meaning and meaning of the principle of the Five Elements, which is intertwined with Korean sentiment? is that Still, even if there are some errors in the translation, I think it will help to understand the essence of the name to some extent, so I take comfort in it and confess that it is the first book I tried.

Sometime in November 2022

부록(Appendix)

다지음(예지연)의 도서들
Books by DaJium(YeJiyeon)

㈜다지음 가맹지사 모집
Dajium Co., Ltd. Affiliate branch recruitment

다지음(예지연)의 도서들

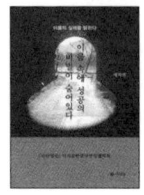
『이름 속에 성공의 비밀이 숨어 있다』
도서출판 다지음. 값 12,000원

구성성명학은 사주 푸는 원리를 그대로 성명학에 접목한 사주성명학이다. 그러므로 이름 석자만으로 당사자의 운명을 80%이상 유추해 낼 수 있다. 따라서 전국 지사들의 상당 사례와 함께 구성성명학이 왜 중요한가에 중점을 두었다.

『운명의 비밀이 이름(성경)에 있다』
도서출판 다지음. 값 12,000원

저자는 파동성명인 구성성명학을 국내최초로 연구 개발한 성명학자이자. 목회학 박사다. 이름에는 하나님이 이르신 파동(가라사대)의 에너지가 있다. 그만큼 강한 생명력을 소유하고 있기에 이름을 중히 여겨야 한다고 강조하고 있다.

『이름을 좋게 지으니 행복하더라』
도서출판 등대지기, 값 17,000원

사람이 태어나서 제일 첫 번째 받는 선물이 이름이고, 태어나서 죽을 때까지 가장 많이 불리는 것이 이름이다. 따라서 이번 책자는 이름의 중요성을 강조하기 위해 전국지사장들의 경험한 상담사례와 개명후기의 증언들로 담았다.

『성공하는 이름. 흥하는 상호』
도서출판 신지평. 값 25,000원

성공하는 이름이나 흥하는 상호 등을 통해 이름에 담긴 뜻과 의미를 풀어보므로, 이름 때문에 운세가 풀리지 않는다고 생각하는 사람, 잘못된 회사 이름 때문에 부도 위기에 처한 사람 등을 위한 개운 비법을 소개한 이론서다.

『이름이 성공을 좌우한다』
도서출판 강남출판사. 값 18,000원

이름이 성공을 좌우한다는 성명학자 예지연이 이름과 상호의 중요성에 대해 재미있는 사례를 들어 알기 쉽게 설명한 책이다. 유명인사들 즉 기업인, 스포츠인, 연예인 등의 이름과 운명의 상관관계를 분석하였다.

『누가 대권의 이름을 가졌는가!』
도서출판 신지평. 값 10,000원

성명학자 예지연의 세 번째 칼럼집이다. 이름이 운명에 얼마나 영향을 끼치는지를 구체적으로 알리고 있다. 먼저 유명 인사들의 이름과 운명의 상관관계를 분석하여 이름과 상호의 중요성에 대해 재미있는 사례를 들어 설명하였다.

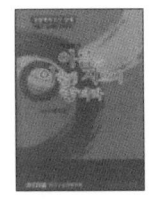
『이름을 이렇게 지으니 좋더라』
도서출판 다지음, 7,000원

저자는 잘못된 이름 때문에 개명하고 후회하는 사람들을 보면서 이름의 중요성과 함께 한글구성성명학이 어떤 학문인가를 올바로 깨우치고 싶어 이 책을 출간했다고 한다.

『만복진결』
도서출판 삼원출판사. 값 25,000원

이 책은 학문적 지식이나 기법 없이도 조견표에 의해 쉽게 운세를 찾을 수 있는 획기적인 방식의 개인별 운명예언서다. 향후 2048년까지 자신의 매년 운세를 파악 할 수 있도록 구성된 비결서다.

『금슬을 좋게 하는 야한 섹스가』
도서출판 강남출판사. 값 11,000원

육효로 풀이한 궁합이야기다. 각양 각층의 사람들이 풀어놓은 성(性)에 관한 고민들을 육효로서 풀이한 책이다. 궁합적 요소를 소설이야기 식으로 들려주어 모든 남녀들이 아름다운 사랑을 키울 수 있도록 안내했다.

『귀한사주, 천한팔자』
도서출판 강남출판사. 값 10,000원

운명의 네비게이션이 바로 역학이다. 나는 누구인가? 누구와 살 것인가? 무엇을 하며 살 것인가? 나는 왜 살고 있는가? 등 4부로 나누어져 있다. 마음의 풍경 소리를 듣고자 하는 이들에게 소중한 책이 되길 바란다고 한다.

『더 이상 목사한테 속지 말라』
도서출판 다지음, 10.000원

그동안의 저자는 기독교의 교리를 지독히 불신했고 아울러 교회와 목사를 싸잡아 욕하고 다녔던 사람이 목사가 될 거라고 생각한 사람들은 거의 없었다. 그러나 지금은 복음을 책으로 전하는 집필에만 전념하고 있다.

『종교는 사기다』
도서출판 등대지기, 12.000원

역학발전을 위한 학문에 올인 했던 저자가 아주 오랜 시간 먼 길을 돌고 돌아 다시 하나님의 섭리 안으로 회향해 돌아와 보니 그야말로 갈수록 황폐해져가는 종교세계를 차마 눈 뜨고만 볼 수 없어 이 책을 집필하게 되었다고 한다.

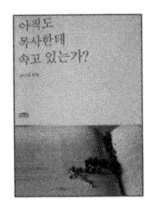

『아직도 목사한테 속고 있는가』
도서출판 다지음, 12,000원

이 책의 저자는 국내 최초로 작명 프렌차이즈 사업체를 운영하고 있으며 사단법인인 '한글구성성명학회'의 회장을 역임하고 있다. 그랬던 저자가 율법에 사로잡혀 종교행위만을 일삼고 있는 교회들을 향해 쓴 소리로 일갈하고 있다.

『그런 하나님이라면 나도 만나고 싶다』
도서출판 등대지기, 12,000원

한국교회가 처처에 영적기근과 지진으로 인해 조직이 붕괴되고, 하나님의 백성들은 갈 곳을 잃어 방황하고 있다. 그러나 천국을 소망하고 사는 사람들에게는 이 세상 문제로 일희일비하지 않는다. 그런 하나님을 만나고 싶지 않은가!

『이제는 계시록을 밝힐 때다』
도서출판 등대지기, 12,000원

성경은 비밀이다. 그러므로 신천지는 성경을 절대 열 수가 없다. 거기에 일곱 교회(감리교, 장로교, 성결교, 안식교, 순복음, 구원파, 침례교)가 하나님의 말씀과 등을 돌렸다. 교회는 심판의 긴박성을 감지하고 회개하고 돌아서야 한다.

『계시록을 통해 바라본 한국교회』
도서출판 등대지기, 12,000원

목사들이 하나님의 천지창조의 뜻을 모르다보니 엉뚱한 행위(헌금, 선교, 구제)로 하나님의 일을 한다고 자랑만 하고 있다. 아울러 교회는 계시록을 통해 천국의 비밀을 왜 일곱 교회한테 서신 형식으로 알리고 있는가를 깨달아야 한다.

『신천지의 정체가 계시록에 예고되다』
도서출판 등대지기, 12,000원

오늘날 교회가 하나님의 말씀보다 하와가 그랬듯이 보암직도 먹음직도 탐스럽기만 한 것들에만 눈이 어두워 뱀(신천지)의 유혹에 쉽게 넘어간다. 그래서 신천지가 교회를 꾀기 쉬웠다. 그러한 신천지의 실체를 이 책에 밝혀 놓았다.

『성경과 이름』
도서출판 다지음, 12,000원

교회가 믿음의 본질조차 모르는데 어떻게 우리(교회)한테 보내는 하나님의 연애편지인 성경을 이해할 수 있겠는가? 그래서 1부는 믿음에 초점을 두었고, 2부는 성경에서 말하는 '이름이란 무엇인가?'를 밝히는 데 주안점을 두었다.

- **도서구매**

  351-1185-0498-13(농협. 사단법인 다지음)

  택배비 3000원(2권이상 택배비 무료)

  입금 후, 010-3024-0342(주소 문자로!)

- **대표전화** : 1644-0178
- **사 이 트** : www.dajium.com
- **이 메 일** : yejiyeon7@naver.com
- youtube : 다지음tv

(주) 다지음 가맹지사 모집

1. 지사 자격 조건
   가. 다지음 작명상담사 민간자격증 취득자
   나. 전문대 이상의 학력 소지자
   다. 1970년 이후 출생한 자

2. 국내 150개 지사 한정모집
   가. 국내(잔여부분만 모집)
   나. 국외(미국, 유럽, 중국, 일본, 베트남, 필리핀, 러시아 등)

3. 다지음 가맹지사가 왜 좋은가?
   가. 적은 투자로 평생사업
   나. 고령화시대에 이상적인 사업
   다. 상호나 이름은 선택이 아니라 필수
   라. 세계적인 글로벌 사업
   마. 상표권, 저작권, 지식재산권의 독점사업

4. 가맹비 및 로열티
   가. 가맹비 : 11,000,000원(부가세포함)
   나. 로열티 : 매출 건당 10%(부가세포함)

가맹문의 1644-0178